Zen-Budismo e Literatura

A poética de Gilberto Gil

Antonio Carlos Rocha

Zen-Budismo e Literatura

A poética de Gilberto Gil

MADRAS

© 2004, Madras Editora Ltda.

Editor:
Wagner Veneziani Costa

Produção e Capa:
Equipe Técnica Madras

Revisão:
Wilson Ryoji
Bruna Maria Martins Fontes
Vera Lucia Quintanilha

**CIP-BRASIL. CATALOGAÇÃO-NA-FONTE
SINDICATO NACIONAL DOS EDITORES DE LIVROS, RJ.**

R571z

Rocha, Antonio Carlos, 1952 —
Zen-budismo e literatura: a poética de Gilberto gil/Antonio Carlos Rocha. — São Paulo: Madras, 2004

Inclui bibliografia
ISBN 85-7374-902-4

1. Gil, Gilberto, 1946 — Crítica e interpretação. 2. Zen-budismo — Influência. 3. Poesia brasileira — História e crítica.

04-2144.   CDD 869.91
                  CDU 821.134.3(81)-1

12.08.04   18.08.04   007346

Proibida a reprodução total ou parcial desta obra, de qualquer forma ou por qualquer meio eletrônico, mecânico, inclusive por meio de processos xerográficos, incluindo ainda o uso da Internet sem a permissão expressa da Madras Editora, na pessoa de seu editor (Lei nº 9.610, de 19.2.98).

Todos os direitos desta edição reservados pela

MADRAS EDITORA LTDA.
Rua Paulo Gonçalves, 88 — Santana
02403-020 — São Paulo — SP
Caixa Postal 12299 — CEP 02013-970 — SP
Tel.: (0_ _11) 6959.1127 — Fax: (0_ _11) 6959.3090
www.madras.com.br

Agradecimentos

*Heloísa e Vera — mulher e filha, pelo constante apoio e estímulo.
Aos professores da Pós-graduação, pela abertura
de oportunidades, crescimentos, amplidão de horizontes.
Colegas do mestrado, pela solidariedade nos trabalhos,
monografias, seminários, corredores e salas de aula.
Funcionários da secretaria, pela paciência e esclarecimentos
quanto aos meandros burocráticos — Ezenira,
Maria Helena e todos os demais.
CAPES — por acreditar na pesquisa e colaborar com a bolsa.
Um agradecimento especial a Luiza Lobo, orientadora. Em termos
Zen: "Gashô!" — toda a profundidade e sabedoria
da energia do agradecimento.*

Sumário

Introdução 9
1 — Filosofia, Sabedoria e Metafísica 13
    1.1— Encontros: Oriente-Ocidente 13
    1.2 — Gaston Bachelard, um encontro e um (a)caso 18
2 — O Caminho da Correta Compreensão 25
    2.1 — Antecedentes históricos do Budismo 25
    2.2 — O Zen, propriamente dito 33
3 — Gilberto Gil: O Som do Silêncio 37
    3.1 — O silêncio e o vazio 37
    3.2 — Poesias e vivências 42
4 — O que Dizem as Letras 53
    4.1 — O vazio de todas as coisas 53
    4.2 — A viagem também é interior 62
    4.3 — Somos todos aprendizes 69
    4.4 — Bons tempos da contracultura 72
    4.5 — Retiros e treinamentos 76
    4.6 — Reflexão no dia-a-dia 81
    4.7 — Importante é o momento 84
    4.8 — O novo a cada instante 92
    4.9 — Deus é tudo em todos 97
5 — Conclusão 105
6 — Bibliografia 111

Introdução

O objetivo deste trabalho é pensar a poesia a partir de determinadas letras de Gilberto Gil, tendo como base uma visão da poética zen. A originalidade de nossa pesquisa reside no fato de ser esta, talvez, uma das primeiras investigações realizadas nesta Faculdade de Letras a respeito da cultura zen.

Limitamos o nosso estudo a um único e breve aspecto da poética ligado à noção de vazio e evitamos aqui aproximá-lo da crítica da metafísica feita por Martin Heidegger. Isso porque a questão poética proposta por Heidegger, em sua última fase, já foi suficientemente estudada nesta Faculdade de Letras, a partir da luz trazida por Emmanuel Carneiro Leão e Eduardo Portella, na década de 1970, quando várias teses e dissertações foram desenvolvidas a respeito do tema.

Reiteramos que o objetivo central do nosso ponto de vista é o Zen, visto por Daisetz Teitaro Suzuki (1871-1966), doutor em Letras pela Universidade de Otani, Japão, introdutor do pensamento zen no Ocidente. Christmas Humphreys, presidente da Sociedade Budista de Londres, na introdução do volume que organizou acerca de D. T. Suzuki, *Viver através do zen*, assim se expressou:

> "Pouca coisa precisa ser dita aqui a respeito do autor. Nascido em 1871, de uma linhagem de médicos, estudou na Universidade de Tóquio, mas logo dedicou-se integralmente ao estudo do Zen-Budismo em Engakuji, Kamakura. Ele obteve sua iluminação sob o famoso Soyen Shaku Roshi, em 1896, pouco antes de partir para trabalhar, durante alguns anos, com o Dr. Paul Carus, em Chicago.

De volta ao Japão, dedicou sua existência a trazer o Zen-Budismo para dentro das vidas das pessoas no Japão, escrevendo cerca de 30 livros com esse objetivo e, nos intervalos de freqüentes visitas à Europa, acrescentando a esses mais 20 livros em inglês.

Ele escreveu com autoridade. Não só estudou obras no original em sânscrito, páli, chinês e japonês, como também possuía um conhecimento atualizado do pensamento ocidental em alemão, francês e inglês, idiomas nos quais escreveu com fascinante fluência. Entretanto, ele foi mais do que um erudito. Embora não tenha sido membro de nenhuma escola japonesa de Budismo, era respeitado, como um budista iluminado, em qualquer templo japonês."

O Dr. Suzuki morreu em 1966, com 95 anos, ainda trabalhando e, neste século, não voltaremos a conhecer ninguém como ele. Se a extraordinária mensagem do Zen-Budismo chega a integrar-se à vida espiritual do Ocidente, com benefício para o mundo, isso se deve, em grande parte, ao trabalho do grande mestre, sábio e homem do Zen que nós conhecemos e amamos como Daisetz Teitaro Suzuki.[1]

Durante os últimos 28 anos elaboramos uma trajetória de estudos acerca do Zen, do Budismo e da Literatura. Do lado zen e do lado budista já publicamos dez livros acerca do assunto, seis dos quais já alcançaram mais de uma edição (um está na quinta, dois na terceira, três na segunda), dezenas de artigos e realizamos conferências, seminários e cursos. Do lado da literatura, além de termos Graduação em Letras, nesta Faculdade, durante todos estes anos escrevemos e publicamos matérias diversas na imprensa em geral, principalmente como colaboradores de *O Globo*, no período entre 1983-86, em que quase semanalmente pontificávamos resenhas aos domingos. Acrescente-se, ainda, textos variados em jornais e revistas de outros Estados e em Portugal. Temos catalogados mais de 600 (seiscentos) trabalhos dessa natureza.

Essas premissas têm de ser ditas para que fique bem clara a razão de nossa pesquisa, pois não a estamos iniciando hoje, não é um modismo passageiro, mas toda uma vida de dedicação à pesquisa zen.

---

1. SUZUKI, Daisetz Teitaro. *Viver através do zen*. Rio de Janeiro: Zahar, 1977, p. 9.

O texto aqui apresentado, sendo muito diferente dos demais, ao mesmo tempo não o é, porque o Zen sugere que a eqüidistância entre o todo e o nada está muito além das palavras. Essa equanimidade, para usar um termo búdico, é o chamado "Caminho do Meio", que nos leva à compreensão daquilo que se é, daquilo que é, daquilo onde se quer chegar/ser e, no sentido interior, podemos acrescentar, daquilo que se quer ter, entendendo-se esse *ter* como algo não-material, ter o essencial, a essência.

Optamos, assim, por chamar esta dissertação de poética, da mesma forma que uma fruta é diferente de outra e todas as duas são importantes para a alimentação. É poética também porque é literária. Sugerimos que a leitura seja despida de análise prévia. Quiçá, um fato novo dentro dos padrões e parâmetros acadêmicos e/ou universitários.

É uma tese acadêmica com linguagem completamente nova. Na parte dedicada a Gilberto Gil, ela visa a mostrar na poética desse cantor e compositor, principalmente compositor, a presença do Zen nos textos aqui estudados e, concomitantemente, evidencia o esplendor e a beleza da música por meio da poesia, que em si é o caminho zen. Ao longo deste trabalho, vamos verificar que Zen, Zen-Budismo, Budismo-Zen, simplesmente Budismo ou mesmo ainda Caminho são sinônimos, daí empregarmos um ou outro termo de forma espontânea.

O que Gil faz belamente, e o Zen também, o tempo todo, é não dicotomizar, segmentar, separar, dividir. Um dos mais belos princípios do Budismo é que nada, absolutamente *nada*, está fora do Caminho; assim, tudo é, tudo tem a sua razão de ser, da forma como foi constituído. Resta-nos, portanto, interpretá-lo, vivenciá-lo, explicá-lo. Eis o Zen.

Entretanto, poderá surgir a questão: como fazer uma dissertação cuja tese principal do Zen é: "Aquele que fala não sabe e aquele que não fala sabe"? Aqui também, eis o Zen, tanto para o que escreve como para o que lê.

Se alguém desejar catalogar/classificar o presente texto no item poética, é o recomendável, ou então "Zen e poesia", também pode. E por quê? Porque um dos pilares deste Caminho é a sua amplidão.

Feito esse alerta, convido o leitor a empreender uma viagem diferente. Temos um pouco de cada forma — interdisciplinar, multidisciplinar, transdisciplinar: literatura, metafísica, mas todas, em um novo contexto, em uma nova abordagem. Nem sim, nem não, isto é Zen.

"No Ocidente 'sim' é sim e 'não' é não; sim nunca poderá ser não e não nunca poderá ser sim. O Oriente faz com que 'sim' se transforme imperceptivelmente em 'não' e 'não' em 'sim'; não existe uma linha divisória rígida entre sim e não. É da natureza da vida que isso seja assim. Somente na Lógica a linha divisória é indelével. Mas a Lógica foi feita pelo homem para ajudá-lo em suas atividades utilitaristas[2]."

Nossa proposta de análise da obra de arte literária não é utilitarista, não é lógica, é zen. Contudo, ao longo do texto, vamos ver que há uma logicidade na ilogicidade, ou, como dizem os recentes estudos da geometria dos fractais, a teoria matemática de última geração: "Há ordem no caos", nem tudo é aleatório, há uma razão de ser em cada coisa.

É da natureza da vida que isso seja desse modo, repetindo Suzuki; os meandros da existência nos fazem ver que "a menor distância entre dois pontos é uma linha reta", para novamente citar a Matemática, mas a arte nos lembra que há muitas vertentes nessa linha, muitas formas de ver o outro lado, a outra margem. Todas essas visões são unas, constituem uma só. Isso é o que nos fala a poética zen.

---

2. *Mística: cristã e budista.* Belo Horizonte: Itatiaia, 1976, p. 37.

1 — Filosofia, Sabedoria e Metafísica

1.1 — Encontros: Oriente-Ocidente

Nossa ferramenta de trabalho é o Zen, e para exemplificá-lo teremos como suporte as obras do pensador japonês Daisetz Teitaro Suzuki, como já dissemos. Suzuki influenciou, em certa medida, toda uma geração de pensadores ocidentais contemporâneos, como veremos adiante.

Cremos que, assim, mediante a nossa proposição, estamos estudando o imaginário, a literatura e, mais especificamente, a poética. Imaginário este que tem muito a ver com o silêncio e, portanto, com o Zen. Há uma semelhança muito grande entre os dois e é o que iremos demonstrar.

A universidade brasileira aceita Aristóteles, aceita Platão, aceita Heidegger e tantos outros como luminares, expoentes da filosofia ocidental. O que pretendemos com essa dissertação é introduzir no meio acadêmico nacional o pensamento de Suzuki e, naturalmente, os postulados zen como uma via a mais para o estudo e a compreensão do texto literário.

Vamos ver também que o pensamento budista, em seu contexto histórico e clássico, "influenciou" pensadores importantes do Ocidente. Colocamos aspas no verbo influenciar, pois o assunto é discutível, mas, justamente por isso, não nos furtamos a olhar essa possibilidade, essa influência. Não há em tal afirmação desdouro para o pensamento dos filósofos adiante citados, visto que, sabemos todos, sempre temos as nossas preferências, estudos, pesquisas, investigações e estes, de certa maneira, moldam a nossa produção intelectual, os nossos textos.

Neste capítulo teremos como base o livro *Introdução ao orientalismo*, do professor e mestre em Filosofia pela PUC-RS Antonio Renato Henriques, que afirma: "O estudo comparativo entre filósofos orientais e ocidentais nos assombra pela quantidade de paralelos e confrontos possíveis".[3] Ainda que discutíveis, questionáveis, suas colocações merecem ser abertas ao debate, e é o que fazemos ao expô-las, tendo em vista a nossa proposta de inserir no contexto universitário o pensamento oriental.

Segundo Henriques, o filósofo Pirro[4] foi influenciado pelo pensamento hindu. O historiador contemporâneo, já falecido, Arnold Toynbee, vê a presença do Budismo no império grego; Apolônio de Tiana estudou com sábios hindus; a noção de respiração cósmica, que Pitágoras assimilou de Anaxímenes, lembra a concepção hindu do Universo como a respiração do deus Brama, e a harmonia dos opostos do citado Pitágoras lembra a dialética budista. Estas são palavras do professor Antonio Renato Henriques:

"Platão, em suas viagens à Magna Grécia, Creta, Cirene, Sicília e Egito, certamente assimilou muitas idéias do Oriente, que estão presentes em sua filosofia. O Mito da Caverna (...) lembra a idéia vedanta de *maya* (ilusão). (...) Sua noção de conhecimento como rememoração também é tipicamente oriental... Mesmo sua concepção de criação é similar à idéia hindu e budista da origem do mundo a partir da ignorância. No Timeu, os 10000 mil anos que completariam um Grande Ano lembram a doutrina hindu dos avatares e seus pequenos e grandes ciclos (...). Plotino também, semelhantemente ao yoga, distingue a alma do corpo, concebe a inteligência como universal e ilimitada, e o Uno como o que está além da inteligência (...) isso é bastante significativo, porque é próprio do pensamento oriental."[5]

---

3. HENRIQUES, Antonio Renato. *Introdução ao orientalismo*. Porto Alegre: Escola Superior de Teologia, 1991, p. 137.
4. *Ibidem*, p. 138.
5. *Ibidem*, p. 138.

É bom esclarecer desde já que o vedanta é uma contra-reforma hindu que teve como base barrar a ampla disseminação do pensamento budista em terras da Índia; desse modo, o Budismo vai desaparecendo de seu país natal para expandir-se por outras fronteiras, visto que a semente já estava semeada pelo vedanta.

"A filosofia grega, mesmo a mais racionalista", informa o livro em questão, não abandonou de todo o seu vínculo com o pensamento mítico que, por sua vez, sempre possuiu ressonância em uma concepção mística da realidade, aparentada com uma visão oriental do mundo. Os Mistérios de Orfeu, por exemplo, vinculam-se a uma doutrina de visão tipicamente oriental.

Voltemos ao pensamento de Henriques:

"(...) a dialética hegeliana deve sua origem a Heráclito, e está próxima de Vico, Fichte e Schelling, porém a doutrina chinesa do *yin* e do *yang* foi na verdade a precursora de todas as dialéticas. Quando Hegel chama o Oriente de 'a infância da história', é porque ele e seu tempo já possuíam alguns parcos e deturpados conhecimentos a respeito da história e da cultura dos povos orientais. A identidade hegeliana entre ser e nada é a mesma que há no Budismo entre *nirvana* (vacuidade) e *samsara* (ser das coisas). Como alertou Bertrand Russell, a filosofia de Hegel é uma espécie de misticismo lógico, já que desemboca em um saber absoluto que é a realidade do todo na parte, o que não é alheio ao espírito oriental".[6]

Ainda é o professor Henriques quem nos diz:

"O pensamento de Schopenhauer inspirou-se no Budismo Teravada, mas ele o compreendeu de maneira limitada (...) Schopenhauer tomou do Budismo a idéia de que tudo é dor, que a origem da dor é o desejo e que só suprimindo o desejo o sofrimento acabará (...)".[7]

No item que se refere a Nietzsche, fala o professor Henriques: "O filósofo Nietzsche também assumiu-se como herdeiro da filosofia hindu (...) o pensamento de Nietzsche, por sua violenta crítica à

---

6. *Ibidem*, p. 141.
7. *Ibidem*, p. 141.

razão e à sistematização, e por sua defesa intransigente da vida, está intimamente ligado a um enfoque oriental: o Zen, por exemplo".

Continuando, destaca Henriques: "A fenomenologia de Husserl e o existencialismo de Heidegger, de Sartre, de Jaspers, de Merleau-Ponty e de Gabriel Marcel possui vínculos sutis com o pensamento oriental".[8]

"O método fenomenológico de Edmund Husserl, usado por Heidegger e outros (...), assemelha-se ao processo meditativo do yoga, em que por etapas se elimina o que se pensa acerca das coisas. Também o Budismo se aproxima de Husserl, enquanto pretende elucidar, antes de qualquer afirmação a respeito do real, como a consciência atua, estrutura-se e conhece."[9]

Ainda tendo por base o livro *Introdução ao orientalismo*, o autor continua:

"Heidegger é o pensador ocidental mais lido e citado no Japão, e ele próprio declarou que, se tivesse conhecido antes o Zen, teria resumido sua filosofia em algumas poucas linhas. É ilustrativo lembrar que existe uma obra japonesa do Mestre Dogen (1200-1253), fundador da escola Sotô Zen, intitulada *Shobogenzo uji* (ser-tempo). O termo *uji* compõe-se de dois caracteres japoneses: *u* significando ser, existir, ter e *ji*, que significa tempo. E tal obra claramente identifica os entes ao tempo, no sentido de constituírem uma mesma realidade, o que alude ao ser".[10]

Perspassando uma série de filósofos ocidentais, Henriques prossegue: "A obra de Ludwig Wittgenstein, quer da primeira fase do *Tractatus*, quer da segunda, das *Investigações filosóficas*, tem profundas ligações com o Budismo Zen".

Não necessariamente filósofo, mas importante para o pensamento ocidental moderno, Henriques nos fala de Freud, sem contar o seu discípulo, o místico Carl Gustav Jung, que estudou bastante as diversas correntes do Orientalismo: a psicanálise freudiana não existiria sem o filósofo Nietzsche, e este reconhece explicitamente o seu

---

8. *Ibidem*, p. 144.
9. *Ibidem*, p. 145.
10. *Ibidem*, p. 145.

vínculo com o pensamento oriental, como já foi demonstrado. Mas mesmo que Freud não tenha sido influenciado pela filosofia oriental, os vínculos continuarão existindo, porque o pensamento no Oriente sempre incluiu uma espécie de psicologia, por tratar do homem e visar transformá-lo na sua subjetividade, especulando acerca da consciência e de seus estados.

Poderíamos ainda relacionar a presença do Oriente e, portanto, do pensamento zen-budista em outros aspectos da vida no Ocidente: ciência, química, física, matemática, artes plásticas, estatuária, escultura, teatro, dança, música, literatura e, mais especificamente, poesia.

Não queremos afirmar que as origens do pensamento ocidental repousam no Oriente, mas, devido ao intercâmbio que as atuais pesquisas confirmam, tudo leva a crer que, forçosamente, na Antiguidade, os formadores do pensamento grego tiveram contato e/ou influência do pensamento oriental e mais precisamente com o Budismo, que se revestiu em verdadeira revolução no pensamento e na sociedade indiana do século VI a.C., como veremos mais adiante.

Na modernidade e contemporaneidade, esse contato e essa influência também são notórios. Por conseguinte, gostaríamos que a universidade brasileira passasse, com outros e melhores olhos, a ver o pensamento budista como algo sério e digno de ser pesquisado, analisado e investigado, até porque no Primeiro Mundo isso é ponto pacífico, como veremos no presente texto.

Corroborando o que afirmamos acima, com base no livro do citado professor gaúcho, vejamos o que nos diz Daniel Goleman, PhD pela Universidade de Harvard:

> "Pensadores ocidentais, desde o tempo dos gregos e romanos, têm sido influenciados pelas filosofias orientais. Afinal, Alexandre (356-323 a.C.) e seus exércitos fundaram reinos que se espalharam até o norte da Índia, e tanto as técnicas como as idéias atravessaram a Eurásia pelas rotas da seda, séculos antes até da época de Alexandre. Plotino (205-270 d.C) foi um dos primeiros filósofos cujo pensamento teve paralelos muito próximos das visões psicológicas dos pensadores orientais de seu tempo. Natural do Egito, de estirpe romana, Plotino foi à Pérsia e à Índia em 242 para estudar suas filosofias".[11]

---

11. GOLEMAN, Daniel. *A mente meditativa*. São Paulo: Ática, 1996, p. 164.

1.2 — Gaston Bachelard, um encontro e um (a)caso

No item anterior, estudamos a "influência" do pensamento oriental na formação da filosofia do Ocidente.

Contemporaneamente, um caso que merece reflexão é o de Gaston Bachelard. Ainda que ao longo de sua vida não tenha se pronunciado a respeito do Zen, o pensamento de Gaston Bachelard tem profundas semelhanças com o Zen-Budismo, como veremos a seguir.

Em termos de filosofia oriental, vemos uma referência de Bachelard acerca de Vivekananda e de Ramakrishna:

"E a ritmanálise converge com os ensinamentos da filosofia indiana. Romain Roland nos transmite nesses termos a primeira lição de Vivekananda".[12]

O pensamento de Ramakrishna e o de seu principal discípulo, Vivekananda, está intimamente ligado ao sistema vedanta; um *corpus* filosófico constituído de uma disciplina espiritual. Esta corrente do pensamento hindu propugna a união de todas as coisas com o "todo", ou seja, é a chamada Doutrina do Todo-Unidade, esclarecendo que as particularidades e individualidades de cada ser são diferentes manifestações do único "ser" real.

Ramakrishna (1833-1886) é considerado um dos grandes e últimos profetas-filósofos-pensadores do Hinduísmo. Muito conhecido pelos poderes paranormais, era extremamente místico e devoto. Seu discípulo Vivekananda (? - 1902) divulgou a escola vedanta no Ocidente, mais particularmente no I Congresso das Religiões, realizado em Chicago, EUA, em 1883. Pregava, entre outras coisas, a união do Oriente com o Ocidente.

A bem da verdade, as origens do vedanta repousam no Budismo, conforme nos diz Edward Conze:

"Com o Budismo, os Madhyamikas desapareceram da Índia, depois de 1000 d.C. Suas principais idéias sobreviveram até hoje no sistema vedanta do Hinduísmo, ao qual foram incorporadas por Gaudapada e Sankhara, os fundadores."[13]

---

12. BACHELARD, Gaston. *A dialética da duração*. São Paulo: Ática, 1988, p. 132.
13. CONZE, Edward. *Budismo, sua essência e desenvolvimento*. Rio de Janeiro: Civilização Brasileira, 1973, p. 124.

O que aconteceu foi uma reação típica de contra-reforma; Madhyamika era uma escola do Budismo, um desenvolvimento ulterior ao sistema Teravada, que deu origem ao Mahayana, o chamado "Grande Veículo" de onde se originou o Zen. Grande porque abarca o pensamento como um todo, é globalizante e não exclusivista. É grande porque vê o macrocosmo no microcosmo e vice-versa. Homem-mundo, mundo-homem, uma coisa só.

À medida que o Budismo foi decaindo na Índia, os missionários foram seguindo para outros países.

Desse modo, ainda que hinduístas, Ramakrishna em primeiro lugar e a seguir o seu fiel discípulo, Vivekananda, trazem no cerne de suas mensagens as origens do pensamento budista, transcodificadas, claro, no sistema vedanta. Aliás, não por acaso, outro discípulo de Ramakrishna, Yogi Kharishnanda, é o compilador de um livro muito conhecido no Ocidente, *O evangelho de Buda*, uma reunião de textos sagrados do Budismo. Como se vê, Ramakrishna foi um dos primeiros a iniciar uma aproximação entre Oriente e Ocidente, entre Budismo e Cristianismo; não por acaso também, Bachelard, em seu pensamento, une ciência, religião e filosofia.

Por ciência entendemos e a definimos segundo Linus Carl Pauling (1901-1994), prêmio Nobel, químico norte-americano. Dizia ele: "A ciência é a procura da verdade; não é um jogo no qual uma pessoa tenta bater seus oponentes, prejudicar outras pessoas".[14]

Frisamos a primeira frase: "A ciência é a procura da verdade". O Budismo também é a procura da verdade, e também o Zen, verdade interior que se manifesta no exterior e vice-versa. Bachelard, de forma poética, muito original, igualmente tentou unir essas três visões do gênero humano. Digo tentou porque em se tratando de qualquer pesquisa, estudo, a tentativa nos remete à experiência e soa melhor do que algo já pronto, feito, determinado. As afirmações definitivas não fazem parte nem do Zen, nem da Ciência, nem da Filosofia, nem da Literatura.

O sistema vedanta aproxima-se mais do Budismo mahayana, também chamado Budismo indiano, mahayana clássico, histórico. As questões do ritmo e da respiração, propostas por Bachelard, em muito se parecem, respeitando-se as proporções, às práticas meditativas zen,

---

14. Revista *Globo Ciência*, 1995, seção Frases.

que priorizam a atenção e se referem à observação dos sentidos por meio da respiração.

Vemos assim que, indiretamente, Bachelard "bebeu" na fonte budista. Não o todo do seu pensamento, mas uma boa parte, como veremos ao longo deste trabalho, cuja base tomamos do livro de Pierre Quillet, *Introdução ao pensamento de Bachelard*, em que constatamos as semelhanças.

Ainda que as linhas paralelas se encontrem no infinito, vamos nesta parte do trabalho fazer uma "leitura zen", ou seja, uma tentativa de aproximação entre o pensamento budista e os trechos extraídos da referida obra. É bom esclarecer que esse conceito de infinito é o próprio vazio de que fala o Zen, a insubstancialidade de todas as coisas. É no vazio, de onde tudo surge e para onde tudo vai, que se encontram as grandes questões da natureza humana, decodificadas, cada uma *de per si*: ciência, religião e filosofia. A questão é que as três se encontrem, sejam unas, como diz o Budismo, sem dicotomias.

"As duas conduzem à mesma encruzilhada onde se compõem em função do real e do irreal. O saber e a criação. Essa encruzilhada é a realização..."[15]

O Zen é o sim e o não, como já vimos. Encruzilhada é o enigma, o *koan*, palavra japonesa para designar algo enigmático. Realização é o *satori*, o momento da percepção, a completude. Real e irreal, sim e não, apenas pontos de vista dessemelhantes, dependendo do ângulo de visão. Desse modo, o que foi dito acerca do sim e do não é o que Bachelard afirmou a respeito do real e do irreal.

Note-se que o Budismo enfatiza o tempo todo essa questão, frisando a irrealidade da realidade e vice-versa. Onde está, realmente, o ponto onde nos apoiamos? No real, apenas um conceito. No irreal, outro conceito. O que o Zen recomenda é a eqüidistância entre os extremos, entre o real e o irreal, daí ilusórios, passageiros, transitórios, mutáveis.

Podemos aplicar esse pressuposto bachelardiano no dia-a-dia, visto que à página 11 da citada obra lemos: "A verdadeira filosofia viva que não é (...) uma filosofia de vida".[16]

---

15. QUILLET, Pierre. *Introdução ao pensamento de Bachelard*. Rio de Janeiro: Zahar, 1977, p. 9 e 10.
16. *Ibidem*, p. 11.

Encruzilhada é problema, é dificuldade, é dúvida, é enigma e nada melhor do que um enigma, uma incógnita, para estudarmos a vida e chegarmos logicamente à solução. Em termos zen, podemos dizer que a encruzilhada é a oportunidade, a flor que se abre, o leque que se expande, indicando-nos o caminho a seguir, caminho que nós fazemos ao sabor do trilhar, do caminhar. Encruzilhada sugere crise e o vocábulo crise, em chinês, tem sua representação no ideograma como risco e oportunidade, perigo e chance.

As duas opções estão implícitas. Risco de sucumbir à crise, perigo de cair, mas também a chance, a oportunidade para se levantar e sair do "abismo".

Falamos em *koan*. É um termo próprio do Zen e melhor o traduziríamos por problema, incógnita, enigma, como já dissemos. Em geral, é uma questão que o mestre dá ao discípulo para ele desvendar.

Por exemplo: o mestre pergunta ao discípulo qual é o som de duas mãos e o discípulo bate palmas. Certo, mas então ele coloca novamente a pergunta: "E qual é o som de uma única mão?". Outro muito conhecido no mundo ocidental e que não pertence à cultura japonesa, o que comprova que tal questionamento é universal, é a Esfinge de Gizé, no Egito, com o seu significado: "Decifra-me ou devoro-te". Em essência, é a própria vida bradando a todo tempo, é o nosso inconsciente falando, investigando, questionando.

Muitas vezes os *koans* do Zen constituem algo aparentemente ininteligível, perguntas desconcertantes que testam a todo momento o praticante zen. Devido à aparente falta de lógica em tais perguntas, acredita-se que o praticante desperte a intuição, visto que pelo pensamento não-conceitual a mente deixa de ser discursiva e começa a espelhar outro estado que não seria possível com a mente desatenta. Eis um bom exemplo de *koan*:

"Separamo-nos há muitos milhares de *kalpas*, contudo jamais nos separamos por um momento sequer. Vemo-nos durante todo o dia, entretanto, jamais nos encontramos".[17]

É via paradoxo, em uma linguagem dialética, que chegamos ao discernimento. *Kalpas* é um termo sânscrito que significa um ciclo de milhares de anos, uma medida "teológica" do tempo.

---

17. SUZUKI, Daisetz Teitaro. *Ensayos sobre budismo zen*. Buenos Aires: Kier, 1973. v. 2, p. 3.

Na página 26, Quillet, citando Bachelard, diz: "Então o fogo, que nos queimava, de repente nos ilumina". E completa o próprio Pierre Quillet: "O desejo é erro e dor".

Um dos pilares básicos para a compreensão da vida, segundo o Budismo e, portanto, o Zen, é a compreensão do desejo. Ao longo da existência verificamos que tudo é desejo: comer, beber, dormir, ser feliz, evitar o sofrimento, etc. Constatamos que a um desejo realizado surge outro logo depois; um não-realizado também traz problemas, ou por querer a sua realização ou por colocar outro desejo melhor no lugar. Tudo isso é fruto de uma mente não-atenta. A interminável sucessão de desejos equivale à infindável seqüência de pensamentos, logo deduzimos que pensamento e desejo estão intimamente ligados.

Não se trata de parar de pensar, visto que é impossível, enquanto se está vivo. Da mesma forma, os desejos continuam existindo na mente alerta, só que, devido ao estado de atenção, tanto os pensamentos como os desejos são observados, e assim a pessoa não sofre tanto, pois este é outro tópico zen. Por meio de todo esse processo, o indivíduo evita o sofrimento. Para ilustrar bem essa questão vem-nos a imagem de uma pessoa sentada à beira de um rio. A correnteza está sempre fluindo, é a vida passando. A pessoa pode até mergulhar, molhar-se, banhar-se, mas não deixa a correnteza levá-la.

Tal pessoa compreende assim o princípio heraclitiano de que ninguém entra duas vezes na mesma água, ou seja, ainda que semelhantes, ainda que parecidos, os pensamentos e os desejos não são os mesmos, são novos, são outros, são de natureza parecida, mas não exatamente iguais.

Outro ponto importante que Quillet destaca, à página 28, é o despojamento: "Despojamento é uma outra forma de dizer pureza (...) devemos tomar essa palavra despojamento em todos os sentidos, incluindo o sentido místico".

Há um conceito muito próximo a este no Zen-Budismo, que é a questão da renúncia. Despojamento e renúncia são a mesma coisa, sinônimos. Despojar-se de algo é tirar, alijar-se de, ficar livre. Da mesma forma é a natureza da renúncia; renunciamos àquilo de que não gostamos, que nos incomoda, que nos faz sofrer. Ocorre que nem sempre temos essa consciência.

Pelo Zen chegamos à conclusão de que os múltiplos apegos, originados pelos desejos e pensamentos, prendem-nos ao dia-a-dia do sofrer, à chamada "roda do *samsara*", ou seja, a vida propriamente dita. E aí entram a renúncia, o desapego, o despojar-se. É importante compreender esse item para que não se pense como muitos que Budismo é derrotismo, escapismo, niilismo.

O desapego, a renúncia e o despojamento propostos pelo Zen são fruto da compreensão, não se trata de repressão, mas de atenção (a-tensão; não tensão — tranqüilidade!). A inexistência de tensões, preocupações, liames, ou seja, atenção, é um estado da mente.

Ainda à página 28 do citado livro, temos um item também acerca da transmutação dos elementos. Eis aí mais um dado budista: tudo está em constante transmutação, nada é ou está parado, tudo gira, corre, anda, move-se, nasce, cresce, morre. E cada fim é seguido de um novo começo, em um eterno vir-a-ser. Não apenas os aspectos materiais estão em transmutação, mas os espirituais, filosóficos, culturais e econômicos.

O autor discute a questão do ser e do nada em Bachelard (p. 48-53). Vemos nas suas colocações a semelhança com o conceito de vazio. A vacuidade que permeia o todo. É preciso entender que esse vazio não é um negativismo, mas, ao contrário, um pólo gerador de energia.

Viver é relacionar-se, com tudo, com as coisas, pessoas, fatos, situações nos relacionamentos, vemos que tudo carece de um fundamento, notamos que há uma incompletude em tudo isso, percebemos assim o "vazio" de tudo o que nos cerca e, conseqüentemente, do ser, e dos seres em geral, já que tudo é indissoluvelmente ligado.

A compreensão do vazio nos leva a um estágio superior da mente, já não vamos sofrer tanto. A "enxurrada" de pensamentos e desejos será mais bem observada. Podemos chegar a esse patamar ou pelo Zen-Budismo ou pelos textos de Bachelard, visto que, em essência, percebemos que a proposta do filósofo é o esclarecimento do leitor e o esclarecimento visa à compreensão.

Percebemos em Bachelard uma abertura para o místico, não o misticismo vulgar, corriqueiro, apressado, mas a mística enquanto ciência do sagrado, ciência da religião e, como tal, multidisciplinar. Assim, ao tomarmos o Zen-Budismo como aproximação, o fizemos na medida em que identificamos muitas semelhanças entre esses campos.

Cremos que Bachelard chegou a este *satori* pela via do estudo, da pesquisa, da filosofia, da reflexão, mas, sobretudo, pela interação e integração de sua proposta de investigar o conhecimento; o saber em estreito contato com a vida. Eis, portanto, a similitude com o pensamento vedanta de Ramakrishna, de Vivekananda — a inserção do tudo com o todo em um eterno vice-versa.

Pode parecer contraditório o termo eterno, visto que falamos da impermanência das coisas, fatos, pessoas e situações, tanto em Bachelard como no Zen. Porém, dialeticamente, percebemos que há uma lei que rege os corpos e os seres, e essa lei é a transitoriedade. Assim, esse fenômeno eterniza-se em constante transmutação.

Gaston Bachelard trabalha com a poética da vida em uma visão criativa e criadora da existência, lança mão de todos os instrumentos possíveis para comprovar essa interação do ser humano consigo mesmo e com o todo. O mesmo ocorre com o Zen-Budismo.

2 — O Caminho da Correta Compreensão

2.1 — Antecedentes históricos do Budismo

No século VI a.C. havia uma efervescência cultural no mundo, que se manifestava em todos os matizes do saber e nos principais quadrantes da época. Na Grécia temos os filósofos pré-socráticos dando origem ao pensamento filosófico ocidental; no Oriente Médio temos Jeremias, considerado um dos grandes profetas do Antigo Testamento; na China temos o surgimento do Confucionismo e do Taoísmo; na Índia, nasce o Budismo, onde repousam as origens do Zen.

Diz a tradição que, certa feita, Sidarta Gotama, o Buda, estava diante de vasta assembléia de monges e discípulos, e comentava-se que ele iria proferir um importante discurso (sermão). Os que esperavam um longo pronunciamento ficaram visivelmente desapontados, visto que ele não proferiu uma única palavra. Limitou-se a erguer uma flor, no mais absoluto silêncio.

Apenas um discípulo entendeu aquela "fala". E no exato momento da compreensão sorriu, também em silêncio. Conta-se que neste preciso instante nasceu o Zen, uma experiência que está além das palavras, que nasce com e no silêncio.

Essa experiência coincide com a experiência primeira de Sidarta Gotama, por isso ele foi chamado de "o Buda", isto é, "O iluminado", "O desperto", "O esclarecido". A experiência do Zen rompe com o tradicionalismo teológico, a convenção das Escrituras. É conhecida como a transmissão da lâmpada e, sabemos todos, lâmpada é luz, e luz é saber, saber é conhecimento, conhecer as coisas, pessoas, fatos e situações, conhecer, conhe-ser.

Para compreender o Budismo é preciso antes de mais nada entender que Buda não é nome de ninguém. Buda é um "estado" que, de acordo com os cânones búdicos, todo ser humano tem em potencial, bastando para isso desenvolvê-lo, descobri-lo. É uma experiência de autopercepção, auto-investigação e esta autocompreensão ocorre no silêncio da pessoa consigo mesma.

Tal experiência é um caminho que se trilha. Parte-se do pressuposto de que nada está fora do Caminho. Tudo o que acontece ao longo de uma vida, por mais estranho que possa parecer, faz parte do caminho, é o caminho, é caminho. Caminho aqui é o modo, a forma como a pessoa transita em busca do autoconhecimento. Como nada está separado de nada e tudo é "um", este buscador também é "um", também faz parte do todo e logicamente não está separado das demais pessoas, das coisas e situações. Assim, autocompreendendo-se, a pessoa compreende o que está à sua volta, o todo, e por extensão os demais seres. Repetimos, toda essa experiência só se consegue por meio do silêncio, fundamenta-se no silêncio.

Sidarta era o seu nome próprio, Gautama ou Gotama, o sobrenome de família. Filho de um rei, este, como todo monarca, queria que o herdeiro ocupasse o trono e administrasse o reino que ficava ao norte da Índia. Muito cedo o menino se deu conta das contradições do mundo e tudo indicava que ele se inclinaria para a vida religiosa. Consultando um vidente, o rei foi informado de que o menino se tornaria orientador de multidões, no sentido religioso, ou então seria o Grande Rei de um vasto império.

Naturalmente o pai investiu na segunda hipótese, mas não obteve o êxito desejado. Cobriu o menino com todo o fausto, com toda a riqueza, mas tudo em vão.

Conta-se que o jovem Sidarta teve quatro encontros que o marcaram para o resto da vida: uma vez, ao sair às ruas, ele viu um velho, decrépito. E assim compreendeu que tudo nasce e envelhece. Da segunda vez ele viu uma pessoa doente, e então entendeu que todos estão fadados à enfermidade, à dor, ao sofrimento. Na terceira vez ele viu um morto, e chegou à conclusão de que o destino de todos nós é a morte. Por fim ele encontrou, na quarta vez, um asceta meditando e viu ali o "caminho" para as respostas que procurava. Em um primeiro instante, o homem moderno pode compreender esses quatro pontos de forma natural, mas, a bem da verdade, existencialmente, os três primeiros são difíceis de aceitar: envelhecimento, doença e morte; teoricamente se compreende, mas quando acontece em nosso íntimo ou no círculo de pessoas com as quais estamos envolvidos, por vários motivos, o resultado é o sofrimento. O quarto item, a questão do religioso, é discutível, pois em termos atuais temos a solução da psicanálise, da psicologia e de afins. Ocorre que o caminho proposto pelo Budismo e, por extensão, pelas grandes religiões é um caminho terapêutico, justamente para compreender o problema do sofrimento humano.

Sidarta chegou a casar-se e teve um filho, mas o apelo do silêncio era muito mais forte, assim ele abandonou o palácio e tornou-se um asceta peregrino. A princípio pode-se pensar no caso de um pai desnaturado que deixa a mulher com um filho pequeno, recém-nascido, mas este fato fazia parte da sociedade hindu daquela época. Depois de constituir família e, quando os filhos já estavam grandes, já adultos, o pai abandonava a casa e ia para as montanhas meditar, tornando-se eremita. Sidarta antecipou essa ida, realizou-a com o filho ainda recém-nascido. O outro lado dessa questão é que, em se tratando de uma princesa, a mulher teria o apoio da corte e, quanto ao pai de Sidarta, veria no neto o futuro ocupante do trono.

Durante seis anos, o asceta Gotama praticou toda sorte de penitências e mortificações e estudou com vários sábios da época. Por fim, compreendeu que a resposta para o que ele buscava não estava nas mortificações e os tais "sábios" já não tinham mais nada para ensinar a ele. Desse modo, decide parar com as penitências e medita, reflete, a partir da própria intuição, o que mais adiante ficou conhecido como "o caminho do meio": nem ascetismo demais, nem conforto extremado, até porque o primeiro leva ao fanatismo e o segundo (em uma leitura contemporânea) impede a distribuição eqüitativa da renda, gera a concentração de riquezas e os conseqüentes desníveis sociais.

Desse modo, em silêncio, ele atingiu o "estado" que ficou conhecido como "Buda", o desperto, o iluminado. Tinha nessa época 35 anos e pregou até os 80, quando veio a falecer. Durante esses 45 anos de prédica construiu um sistema filosófico que tem por base a extinção da dor, do sofrimento.

A base de sua doutrina são as "quatro nobres verdades".

O símbolo do Budismo é uma roda com oito raios ou quatro diâmetros, daí a alusão à roda da vida. Os quatro diâmetros são as quatro nobres verdades. Os oito raios simbolizam a "nobre senda óctupla" que veremos a seguir. É uma alegoria de que estamos no navio, no barco, e quem deve estar ao leme somos nós mesmos, senhores da situação, dirigindo e guiando os nossos atos. Sugere também uma roda-gigante em um parque de diversões chamado vida. Significa ainda que os nossos "estados", bons e maus, sucedem-se infinitamente e, como somos nós que estamos ao leme, dirigindo e guiando os nossos atos, cabe-nos só cultivar os bons momentos, e, compreendendo a natureza humana, superar qualquer negatividade.

O primeiro sermão do Buda afirma que há dois extremos que devem ser evitados. Evitando-os, descobre-se a senda do caminho do meio, que confere a visão interior, o conhecimento que conduz à calma, à penetração e ao nirvana.

Etimologicamente, nirvana em sânscrito, *nibbana* em páli, quer dizer: ni = não, *bhana* que tardiamente gerou *bbana* = grilhões. Portanto, nirvana significa a não-existência de grilhões, de amarras, de condicionamentos.

Neste primeiro discurso e até o final de sua vida, ficou 45 anos pregando a "boa nova". Quando se referia a si mesmo, Sidarta empregava a expressão "Tathágata", usada tanto em páli como em sânscrito. Não há em português tradução precisa para o termo, aproximadamente quer dizer "um que vai assim", ou seja, aquele que compreendeu tudo e que caminha assim, naturalmente, espontaneamente pelo mundo, sem preconceitos, sem condicionamentos, totalmente livre.

A primeira nobre verdade é *dukkha*, em páli; o praticante deve inteirar-se de que tudo é *dukkha*, isto é, sofrimento: o nascimento, a velhice, a doença, a morte, a união com aquilo que não se quer, a separação daquilo que se ama.

A princípio isso pode parecer fatalismo, derrotismo ou niilismo, mas na verdade é um profundo realismo, uma atitude madura perante a vida. Não se trata de atribuir um pequeno paraíso em outra vida. Quando se compreende isso, fato eminentemente prático, objetivo, a vida passa a ter outra significação, passa a ser vivida como ela é; é uma tomada de consciência perante o viver.

Vista a primeira nobre verdade, a constatação do sofrimento, passemos à segunda, aquela que trata da origem do sofrimento. E a origem do sofrimento está no "desejo" em páli, *tanha*. Esse desejo se manifesta em tudo, é o desejo de viver, de ter, de ser, de haver, o desejo de não morrer, o desejo de se separar daquilo que não se quer, o desejo de não se separar daquilo que se quer. Compreendendo este segundo fato, esta segunda nobre verdade, em páli, *samudhaya* = surgimento de *dukkha*, temos já meio caminho andado.

E o que aprendemos com a psicanálise? Não é conviver, saber, conhecer os nossos desejos? Aprender a viver melhor com eles? Não se trata de eliminá-los, pois assim fazendo, ou melhor, assim tentando, estaremos reprimindo e reprimir é remendar; mais cedo ou mais tarde, o sentimento, a sensação, a emoção reaparecem. O desejo bloqueado explode em uma neurose, em outro lugar. Como uma roupa usada que se remenda, mas depois ou se rasga em outro lugar ou então no próprio lugar do conserto.

O Budismo não é represssão, é compreensão da realidade e de seus fenômenos e processos.

A terceira nobre verdade é a extinção do sofrimento, em páli, *nirodha*, a cessação de *dukkha*. É a emancipação de todo esse sofrimento, libertação essa que vem pelo completo entendimento do que é o sofrer, de como ele surge e como se erradica. Não se trata de suprimir o "desejo", tampá-lo, matá-lo, o que é impossível. Trata-se de compreendê-lo. Mas como proceder?

Um vocábulo muito usado no Budismo é *compreensão*, um dos pilares dessa filosofia. E toda compreensão vem naturalmente, sem ser imposta; é um esforço, uma força de vontade que brota da necessidade de entender melhor por que se sofre tanto nesta vida.

Mas o Budismo é uma religião dialética e você só percebe a extinção desse sofrimento, ele só se extingue por meio da quarta nobre verdade, *magga* (em páli, caminho, senda), que conduz à cessação de *dukkha*, o caminho que nos leva ao entendimento das coisas, também chamado de nobre senda óctupla, a saber: palavra correta, ação correta, meio de vida correto, esforço correto, plena atenção correta, concentração correta, pensamento correto e compreensão correta.

Eis o caminho que nos leva a viver melhor. Isoladas de um todo, tais indicações podem soar como normas, regras, mandamentos. Esclareça-se, porém, que o Budismo não possui dogmas, tudo deve ser provado, testado ou não será Budismo. Um dos pilares básicos desse caminho é a tolerância. Essa tolerância é fruto da total ausência de autoridade, e como não há um mandante, nada mais justo e necessário do que as partes em questão se tolerarem e se compreenderem para que não haja o caos:

"Agora escutem, Kalamas. Não se deixem desviar pelos relatos ou pela tradição ou pela voz comum. Não se deixem desviar por vossas experiências a partir das escrituras nem pela mera lógica ou inferência, nem depois de considerar as razões, nem depois de refletir acerca de alguma opinião e de aprová-la, nem porque se conforma com o devenir, nem porque a recompensa que a sustém é o vosso mestre. Porém, quando conheçais por vós mesmos: estas coisas não são boas, estas coisas são defeituosas, estas coisas são censuráveis por um ser inteligente, estas coisas, quando executadas e levadas ao fim, conduzem ao sofrimento — então as rechaçais".[18]

O parágrafo acima é um trecho do *Discurso aos Kalamas*, uma aldeia que Buda visitou e onde transmitiu sua mensagem. Ao que parece, é a única religião que assim procede, é uma maneira de estar no mundo, um modo de ser. É original em sua tolerância, fruto da completa ausência de autoridade. É um caminho em que se diz do "Mestre" que nem suas próprias palavras podem ser aceitas como verdade, a não ser que sejam provadas por aplicação à experiência diária. O dogma é completamente desconhecido.

Acoplados às quatro nobres verdades e, conseqüentemente, à nobre senda óctupla, estão os "cinco agregados". Como dissemos linhas atrás, não acontecem isolados. Os cinco *skandas*, comumente chamados "cinco agregados do apego", são a base do sofrer e, quando se compreende a primeira nobre verdade, paralelamente se compreende as demais e, compreendendo-se a primeira, automaticamente se compreende os cinco agregados do apego, na verdade, o móvel da primeira nobre verdade.

---

18. ROCHA, Antonio Carlos. *O que é Budismo*. São Paulo: Brasiliense, 1984, p. 41.

De acordo com a filosofia budista ou budologia (teologia budista), esta entidade que chamamos de "homem" não existe, esta coisa que uns chamam de ser, indivíduo, eu, não passa de um amontoado de apegos, é uma combinação de forças e energias psicofísicas em constante mudança que podem dividir-se nos cinco agregados, a saber:

O primeiro agregado é a matéria, engloba os quatro elementos tradicionais: o sólido, o líquido, o calor, o movimento e os seus derivados. Tais derivados são os nossos órgãos sensitivos, são as faculdades, cuja base repousa tanto interna como externamente no agregado da matéria: o olho, o ouvido, o nariz, a língua, o corpo, entendendo-se, então, o tato.

E aqui entra uma das grandes lições do Budismo. Se não há uma coisa a ser cultuada, se o homem é um aglomerado em processo, por que se apegar a ele? Por que tanta vaidade, egoísmo? Por que tanta violência para manter, preservar, ter cada vez mais os bens que esse amontoado acumula? Observe-se que não é uma atitude de abandono perante a vida, até pelo contrário. Quando vê isso, a pessoa se conscientiza de que a vida é bem mais fácil do que imaginamos.

O segundo agregado são as sensações, sejam agradáveis, desagradáveis ou mesmo neutras. São experimentadas a partir dos cinco sentidos. Inclui-se neste agregado o que para o Budismo é visto como um sexto sentido — a mente. São as sensações experimentadas mediante o contato da mente, pensamentos, idéias. As sensações físicas e mentais estão aí agregadas. Diga-se de passagem que a mente não é vista como nada de anormal, é simplesmente um sexto sentido, mais um órgão, pode ser controlada e desenvolvida como qualquer outro órgão.

O terceiro agregado é aquele que nos fala das percepções. Da mesma forma que os demais, vinculados aos seis órgãos dos sentidos, assim, as percepções são produzidas a partir das seis faculdades em contato com o mundo.

O quarto agregado são as formações mentais, são as atividades volitivas, boas ou más, comumente conhecidas como carma (do sânscrito *karma*, ou em páli, *kamma*). Como as demais, manifesta-se com a participação das seis faces dos sentidos.

Este assunto, *carma*, é muito polêmico e geralmente se cai em um comodismo muito grande tentando não explicar fatos que são bem explicáveis, tipo a criança que morre de fome, inanição, desnutrição é porque "Deus" quis ou então é carma dos pais para sofrerem a perda do ente querido, ou ainda por que esta criança em outra vida deixou alguém morrer de fome ou coisa parecida. Na verdade, morrer de fome é um fato bem explicável...

O Budismo pretende ser uma ciência e como tal afirma que este quarto agregado compreende as ações produzidas a partir dos órgãos dos sentidos, tanto as ações físicas como as mentais.

O quinto e último agregado é a consciência. A consciência é a reação ou resposta às seis faculdades; são formadas com a interação destas com o mundo. Um exemplo: quando o olho entra em contato com a cor vermelha, temos a consciência visual, é quando se nomeia a atividade. Não confunda consciência com mente. Uma é formação a partir dos órgãos dos sentidos, é o que nomeia as coisas. A outra é um órgão, uma faculdade, um dos seis sentidos.

O mundo é um constante fluir, é um rio que corre sem parar e ai daquele que se apega a uma parte, na margem do rio, pensando que a água que ele contempla ainda é a mesma. Os cinco agregados resumem o que grosseiramente chamamos "ser". Há um trecho do *Visuddhimagga* (em páli, o caminho da perfeição) que diz o seguinte: "Só existe o sofrimento, porém o sofredor não pode ser achado. Há atos, mas o ator não pode ser achado". Ora, se há o sofrimento e não há o sofredor, então quem é que sofre?

Refletindo-se acerca da questão, constata-se então que tudo é vazio. Tema que veremos mais adiante, e o vazio é um dos importantes itens do Zen.

As quatro nobres verdades coincidem com as quatro experiências que Buda teve na juventude: a velhice, a doença, a morte e a libertação pelo asceta-meditante do silêncio.

O Budismo tornou-se, ainda com Sidarta Gotama vivo, o primeiro movimento de massas de que se tem notícia na História. Seu ensinamento ia contra o tradicionalismo hindu, que aceitava e aceita até hoje o sistema de castas. Outro item com que ele rompeu: os sacerdotes brâmanes eram todos homens, mas Sidarta, ao afirmar que todos os seres humanos têm o potencial da iluminação, abriu a passagem para as mulheres, de modo que, pela primeira vez, foi organizado um clero feminino, e no decorrer da História muitas mulheres tornaram-se iluminadas.

Esse movimento cresceu tanto que influenciou toda a cultura do continente asiático: arquitetura, artes plásticas (pintura, escultura), música, literatura, economia, política, culinária.

O princípio básico do Budismo, como já vimos, repousa na tolerância, na não-violência, por isso, à medida que partia de um país para outro, a mensagem era adaptada à cultura local. Desse modo, esse caminho foi crescendo em quantidade e qualidade, já que respeitava a cultura de cada povo, de cada tribo, de cada etnia; não era uma forma de colonização. Ao contrário, a mensagem ajudava a libertar e a construir um mosaico.

Outro fator muito importante na compreensão do Budismo é que tudo passa, tudo muda, tudo é transitório, tudo é impermanente. Não há por que se apegar a nada, nem ao próprio caminho, que é mutável. Esse estado de compreensão é o vazio de que fala o Zen.

A reflexão acima coincide com a dialética dos pré-socráticos e há quem afirme que a sabedoria grega muito deve à cultura indiana e, portanto, ao Budismo. Há indícios de que Pitágoras, contemporâneo de Sidarta, tenha visitado a Índia e de que os dois filósofos, Buda e Pitágoras, conheciam-se pessoalmente: "... Pitágoras parece ter sido o primeiro a trazer essas crenças para a Grécia". — Porfírio, *Vita Pythagorae*.

Se Pitágoras trouxe "essas crenças" para a Grécia, as trouxe de algum lugar. A dedução nos leva à Índia e ao Budismo, logo, ele foi o primeiro, no Ocidente, a divulgar o pensamento indiano (budista?). Fica a questão em aberto.

2.2 — O Zen, propriamente dito

Zen é uma transformação da palavra japonesa *zen'na*, que por sua vez deriva da simplificação chinesa *chan*, oriunda do chinês arcaico *chan'na*, que tem sua correspondente em sânscrito *dhyana*, cuja origem é a palavra páli *jhanna*. Todos esses termos significam meditação; logo, Zen é meditação e meditação é silêncio.

A língua páli era um idioma falado no século VI a.C. ao norte da Índia, uma variante do sânscrito. Todos os discursos de Sidarta Gotama estão em páli originalmente. Depois foram traduzidos para o sânscrito, o chinês, o japonês, o coreano, etc.

O mecanismo de compreensão do Zen adquire-se no silêncio, com o silêncio. Mas o silêncio não quer dizer inércia, inatividade; ao contrário, silêncio é movimento. Silêncio é um não-falar falando, visto que se entende a mensagem por outros modos de compreensão, seja a comunicação não-verbal, gestual ou a chamada sabedoria intuitiva, um dos resultados da prática zen.

Nas escrituras budistas são inúmeras as referências quanto à importância do silêncio. É no silêncio que se encontra a verdade, mas é importante frisar que silêncio não é alheamento do mundo, é, justamente o contrário, uma integração no todo, quando tudo se transforma em "um". E este "um" acontece com os outros, com o plural, daí a união.

O desenvolvimento do Zen surge na China porque o espírito indiano é muito metafísico, tendendo para a mística. E a sociedade chinesa é muito pragmática, um pragmatismo psicológico-espiritual; novamente repetimos, isso não significa alijar-se da vida. A grande revolução do Zen é a iluminação no dia-a-dia, no burburinho do mundo. E aí resulta uma grande diferença. Já que o caminho se faz em silêncio, por meio do Zen, a pessoa consegue, estando imersa no mundo, na multidão, não se perder de si mesma, mas manter-se em si mesma, ela não vai com a correnteza, ela compreende a correnteza do rio (a vida), mas não se deixa levar, mantém-se íntegra consigo mesma e com o todo. Isso não quer dizer solidão. Quem está em silêncio está só e ao mesmo tempo não está, mas não é a solidão doentia que conhecemos. É um só criativo, um só múltiplo que permite ir além de si mesmo e dos outros e, portanto, do todo, construindo outro todo, este todo constitui um círculo concêntrico em expansão, uma espiral que cresce, abre-se.

O Budismo começou a ser difundido no Ocidente no século passado por Schopenhauer, de lá para cá, de uma forma ou de outra, direta ou indiretamente, os pensadores mais diversos, como Wittgenstein, Nietzsche, Bergson, Rickert, Jaspers, Heidegger e até músicos como Richard Wagner "reconheceram haver recebido influência do Budismo".[19]

"Nenhuma outra religião atraiu tal galáxia de talentos acadêmicos. Não se trata tão-só de filólogos de primeira ordem interessados nas línguas, amiúde intrincadas, em que se expressavam os budistas, mas também de cérebros de primeira ordem dedicados a interpretar as sutilezas e profundidades do pensamento budista".[20]

---

19. REZENDE, Antonio. *Curso de filosofia.* Rio de Janeiro: J. Zahar, 1991, p. 25.
20. CONZE, Edward. *Breve história del budismo.* Madrid: Alianza, 1983, p. 153.

As palavras acima são do conceituado professor de Budismo na Inglaterra Edward Conze (1904-79), que nos lembra:

> "Ao longo destes últimos anos surgiu uma vasta literatura acerca da relação entre os distintos sistemas de pensamento budistas e os dos pensadores europeus modernos. Sua elevada qualidade e coerência não podem deixar de imprimir sua marca tanto no pensamento filosófico ocidental como no oriental".[21]

O Zen, que é um sistema silencioso, meditativo, começou a ser divulgado oficialmente no Ocidente a partir de 1927, quando o pensador japonês Daisetz Teitaro Suzuki inicia a publicação de seus livros na língua inglesa. A este respeito nos diz Martin Heidegger:

> "Se eu compreendo o Dr. Suzuki corretamente, eis o que tentei dizer em todos os meus escritos. A publicação em 1927 dos primeiros *Ensaios sobre Budismo Zen*, de Daisetz Teitaro Suzuki, apresenta-se às gerações futuras como acontecimento tão importante quanto a tradução em latim de Aristóteles, no século XIII, por Guilherme de Moerbeck, ou de Platão, no século XV, por Marsílio Ficino".[22]

O vazio que o Zen pratica, compreende e vivencia é a natureza essencial de todas as coisas. Por vezes, pode parecer repetitivo, mas a questão de o Budismo repetir alguns postulados é no sentido mântrico, de procurar lembrar, para que a pessoa aos poucos se acostume e grave o que se quer transmitir. Não a definição pela definição, mas um treinamento meditativo que abre a intuição, o inconsciente, e assim faz aflorar o que se deseja.

Normalmente somos muito dispersos, o dia-a-dia zen enfatiza o vazio de tudo o que existe. Desse modo, convivendo com esse conceito, o praticante vai afastando-se do pré-conceito. A repetição não é decoreba, psitacismo. Com esse exercício o Zen bloqueia a enxurrada de pensamentos, a discursividade, como um dique que canaliza a força da água gerando energia.

O que, ao longo deste trabalho, pode soar como repetição deve ser visto, lido e encarado como a própria técnica do Zen, da meditação

---

21. *Ibidem*, p. 142.
22. SUZUKI, Daisetz Teitaro. Op. cit., 3ª capa.

e um de seus postulados, que afirma que a repetição é "a mãe do saber". Por uma série de exemplos chegamos à raiz do ensinamento, à origem, ao centro, ou, como diz o termo clássico, descobrimos a nossa face primeira, aquela que ainda não cobrimos com as máscaras (da educação, da sociedade, da ideologia).

Esse vazio primeiro é o próprio estado de Buda, é o próprio estado de Deus.

3 — Gilberto Gil: O Som do Silêncio

3.1 — O silêncio e o vazio

Nossa ferramenta de trabalho é o Zen e, para exemplificá-lo, teremos como suporte as obras do filósofo japonês Daisetz Teitaro Suzuki, o primeiro e principal divulgador do Zen-Budismo no Ocidente. Doutor em Letras pela Universidade de Otani, no Japão, Suzuki influenciou, em certa medida, toda uma geração de ocidentais contemporâneos.

Cremos que assim, mediante a nossa proposição, estamos estudando o imaginário, a literatura e, mais especificamente, a poética. Imaginário este que tem muito a ver com o silêncio e, portanto, com o Zen. Há uma semelhança muito grande entre os dois e é o que vamos demonstrar.

O que pretendemos com este trabalho é introduzir no meio acadêmico nacional o pensamento de Suzuki e, naturalmente, os postulados zen como uma via a mais para o estudo e a compreensão do texto literário.

Antes, porém, vamos refletir algo acerca do silêncio, visto que este é visceralmente zen e vice-versa.

O silêncio incomoda. Incomoda, em geral, quem costuma ficar longo tempo em silêncio, ocasião em que a pessoa "se sente" tímida ou então é tímida por natureza. Esse fato incomoda outra pessoa com quem se está "conversando", isto é, não estão concretamente conversando, visto que, entre uma frase e outra, há um longo e tonitruante silêncio.

Há até uma brincadeira que se faz, quando duas ou mais pessoas estão conversando e ficam alguns segundos em silêncio e alguém diz: "Vamos mudar de assunto?" A ironia é que se estão calados, mudos, não há assunto a ser mudado.

Outra brincadeira comum entre as crianças é "tentarem" ficar alguns segundos em silêncio. Quem conseguir maior tempo em absoluto mutismo vence o jogo, só que, invariavelmente, muitos riem e o jogo nem sempre acaba, ou seja, nem sempre se chega ao final como deveria.

Poderíamos listar outros jogos de crianças. Mas nós sabemos que o silêncio representa muito. Às vezes, um silêncio quer dizer não, outras vezes quer dizer sim, em algumas ocasiões, nem sim nem não, ou sim e não ao mesmo tempo. É a própria incógnita. O silêncio em si mesmo é um grande enigma.

Tanto assim o é que a representação da Esfinge do Egito, em termos verbais, é o conhecido "decifra-me ou devoro-te", o que não deixa de ser um simbolismo. É a vida que diz: "Decifra-me ou devoro-te".

O silêncio é um jogo. É um pacto. O silêncio diz muito. Por exemplo, o silêncio-pacto de duas pessoas que se gostam e vivem um amor proibido, o silêncio-pacto dos bandidos, dos mafiosos, dos marginais. O silêncio-pacto das chamadas sociedades secretas, iniciáticas, esotéricas, tipo Maçonaria, Rosacruz, etc. Há também o silêncio psicanalítico, em que os envolvidos (várias pessoas, no caso da terapia em grupo; ou quando "individual", o silêncio-pacto do analista e do analisando) pactuam, combinam, de modo a não revelar a terceiros os conteúdos das sessões; momentos em que são evidenciados, muitas vezes, quase sempre, segredos íntimos.

É por isso que saber guardar segredos é algo tão difícil. E segredo é silêncio. Guardar segredo é uma arte para poucos.

Quando uma pessoa fala muito, quando popularmente se diz que "fala pelos cotovelos" e, na verdade, estes não falam, ela está tentando ocultar, empanar o medo que tem do silêncio, de si mesma, de ficar consigo mesma e assim fala espantando o seu silêncio. O silêncio é a "sombra" da fala. Quando uma luz incide sobre determinado corpo há o fenômeno da sombra; é impossível separar o corpo da sombra e vice-versa. A luz no caso é o sentido que veremos adiante.

Silêncio é movimento, silêncio é ação, silêncio não é inércia, inércia é silenciamento ou quando uma pessoa é silenciada por outra ou quando é silenciada por si mesma, por meio dos problemas, das repressões.

Aquilo que é o mais importante nunca se diz. Fato que nos remete ao adágio popular: "Para bom entendedor meia palavra basta". Às vezes, não é preciso falar porque o sentido, a intensidade, a entonação do enunciado esclarecem tudo. Por exemplo, quando a mãe ou o pai repreende um filho e apenas exclama: "Menino!?", a criança compreende, ou seja, o silêncio atravessa as palavras. Como bem diz um provérbio árabe: "Não digas tudo o que sabes, porque quem diz tudo o que sabe, muitas vezes diz o que não convém".

E assim, estudando o silêncio, chegamos ao jogo de palavras, trocadilhos que se realizam, isto é, compreendem-se pelo dito popular: "Fica o dito pelo não dito". Esse *não-dito* é o silêncio. Essa série de exemplos explicita o que o vulgo lança mão para tornar o silêncio audível, compreensível, referenciável, logicamente por meio do próprio silêncio. O funcionamento do silêncio atesta o movimento do discurso que se faz na contradição, na dialética entre o "um" e o "múltiplo", o mesmo e o diferente, entre a paráfrase e a polissemia. Esse movimento, por sua vez, mostra o movimento contraditório do sentido, fazendo-se no entremeio entre a ilusão de um sentido só (que é o efeito da relação com o interdiscurso) e o equívoco de todos os sentidos, ou seja, o efeito da relação com a língua.

O silêncio é fundador, ele funda algo, ele fundamenta o não-dito, a história. Devido à relação entre o sentido e o imaginário, o silêncio manifesta também a função de relação da língua com a ideologia. Ora, qualquer ideologia, ao ser divulgada, o faz pela língua, e o silêncio trabalha, está presente nessa relação.

O estudo do silenciamento (este como um ato impositivo, ditatorial) nos faz lembrar a época do regime militar, quando muitos eram silenciados, colocados em silêncio pela censura, período em que a oposição falava em silêncio dos cemitérios.

Nesse tempo, surgiu em Belo Horizonte uma revista literária chamada *Silêncio*. O dado é historicamente importante, visto que tradicionalmente se fala que "mineiro trabalha em silêncio". Mas o curioso é que a revista, por motivos de censura, não passou do número zero, ou seja, o exemplar para divulgação que circula para um público restrito: jornalistas, publicitários, intelectuais, artistas, formadores de opinião e afins. A revista foi proibida de circular e o silêncio se fez total.

Este fato nos remete a Nietzsche, quando afirma no livro *Além do bem e do mal*: "Perceber no que foi escrito um sintoma do que foi calado". Isso quer dizer que o silêncio é sempre maior do que aquilo que dizemos, revelamos, contamos. O silêncio é sempre mais profundo do que aquilo que anunciamos/enunciamos. Sempre há mais silêncio do que fala.

Se a linguagem implica silêncio, este, por sua vez, é o não-dito do interior da linguagem. Não é o nada, não é o vazio sem história. É o silêncio significante. A relação silêncio/linguagem é complexa. O silêncio não é mero complemento da linguagem, ele tem significância própria. O termo fundador é caráter necessário do silêncio. Fundador significa também que o silêncio é garantia de movimento dos sentidos. O silêncio é o tudo da linguagem, ele é a possibilidade para o sujeito trabalhar sua contradição constitutiva.

Isso nos faz compreender que estar no sentido com as palavras e estar no sentido em silêncio são modos diferentes, distintos entre si, e essa dicotomia faz parte da nossa forma de significar e significar é ser/estar (relacionar-se) com o mundo, com as coisas e com as pessoas.

O silêncio é insuportável, em alguns momentos, há até a expressão: "Fale agora ou cale-se para sempre". As pessoas estão acostumadas ao tradicional "um minuto de silêncio" em memória de algum falecido ilustre, mais do que um minuto, esse tempo se torna inaceitável, ultrapassar a marca de um minuto é algo profundamente incômodo.

Quando o homem percebeu a importância do significado do silêncio, ele criou a linguagem para segurar o silêncio, para retê-lo, para barrá-lo. Falar é separar, é distinguir e, dialeticamente, vislumbrar o silêncio e evitá-lo. Quando o homem individualizou o silêncio como algo significativamente discernível, ele estabeleceu o espaço da linguagem.

> "No princípio era o verbo, o verbo estava com Deus e o verbo era Deus. Ele estava no princípio com Deus. Todas as coisas foram feitas por intermédio dele e sem ele nada do que foi feito se fez. A vida estava nele e a vida era a luz dos homens".[23]

---

23. Bíblia Sagrada. *Novo Testamento*. São Paulo: Sociedade Bíblica do Brasil, p. 99.

As palavras são do Evangelho do Apóstolo João, Novo Testamento. Verbo é palavra, palavra é pensamento, pensamento é silêncio, verbo é não-silêncio. Concomitantemente, verbo também é silêncio e é assim que "Deus" se manifesta. Mediante o silêncio, o homem entra em contato com Ele e, pela palavra, comunica a outros a razão de ser da conversa entre esta pessoa e Deus. É pela fala que tornamos, neste mundo, as coisas palpáveis. Pelo discurso nós materializamos, nós concretizamos o não-dito, o silêncio.

Isso nos faz lembrar Confúcio que, no século VI a.C., afirmava: "Uma imagem vale mais do que mil palavras". Essa assertiva tem sido muito utilizada pela propaganda, pelo *marketing* e pelas teorias modernas da comunicação de massa. Mas a sua origem está no Confucionismo. Ou seja, a imagem é o silêncio. A imagem não fala verbalmente, não fala audivelmente, mas "fala", transmite a mensagem. O ato de olhar é bastante significativo. O olhar/ a imagem/ o ver se faz no silêncio. Podemos afirmar que o silêncio do olhar representa muito mais do que mil palavras.

Outro aspecto a ser pensado é o eco. Quando nós falamos ou gritamos em uma casa vazia, ou em um vale, um desfiladeiro de montanhas, o eco responde. Interessante: o eco responde! O que é o eco? É o vazio, não é nada e mesmo assim ele "fala"; ora, se fala é alguma coisa, não pode ser o nada, a menos que esse nada seja vivo. E é aí que reside a literariedade, o intertexto, a palavra não-dita, o Zen.

E o silêncio do mar? O silêncio das ondas? É na profundidade, no silêncio que está o real do sentido. As ondas são apenas o seu ruído, suas bordas (limites), seu movimento periférico (palavras).

Quando estamos calados, quando não falamos, não estamos apenas mudos, estamos em silêncio. Mas o que representa esse silêncio? Significa pensamento, introspecção e toda sorte de contemplação, sentimentos e sensações. Não paramos de trabalhar com a cabeça, ainda que permaneçamos sem proferir uma única palavra.

Temos vários tipos de silêncio: o silêncio das emoções, o místico, o da contemplação, o da introspecção, o da revolta, o da resistência, o da disciplina, o da lei, o do exercício do poder, o da derrota, o da vontade, o do amor, etc. Há também os vários prismas sob os quais estudamos o silêncio: ele é próprio da reflexão de teorias filosóficas, psicanalíticas, semiológicas, etnológicas, linguísticas, etc.

Um dado importante é a questão da completude. Todo mundo, de uma forma ou de outra, busca a completude nas coisas, mas só o que prevalece é a incompletude, nada é completo, nada é pronto, nada é acabado. No fundo é a incompletude que produz a possibilidade do múltiplo, e é a base da polissemia.

Há um filme chamado *O baile*, de Ettore Scola, em que não há uma única palavra. O único ruído é o da trilha sonora e mesmo assim nós vemos parte da História da França, parte da História do mundo. Temos que pensar também na mímica, que é puro silêncio. E como é reveladora! O filme em questão é todo mímica e constitui-se em um bom exemplo de silêncio.

O silêncio é o outro lado da linguagem.

3.2 — Poesias e vivências

Gilberto Passos Gil Moreira nasceu em 26 de junho de 1942, em Salvador, em um bairro pobre chamado Tororó. O pai médico e a mãe professora mudaram-se nesse mesmo ano para Ituaçu, um lugarejo no interior da Bahia e que tinha, apenas, 800 habitantes.

O menino Gilberto ficou com os pais, nesse vilarejo, até os oito anos, quando então voltou à capital do Estado para estudar no colégio dos Irmãos Maristas.

Desde a mais tenra infância, sempre manifestou o lado musical, razão de ser de sua vida artística. Mas não vamos entrar em detalhes nessa área, visto que o nosso trabalho é de natureza literária.

Seu sonho de menino era ter um acordeão, instrumento em voga na época, mas quando estava no antigo curso científico, hoje Ensino Médio, ganhou de presente da mãe um violão. Fato que irá decisivamente marcar o seu caminho, pois é justamente nesse tempo que João Gilberto surge no cenário brasileiro com a sua característica forma de tocar que, mais adiante, ficou conhecida como Bossa Nova.

Nos anos 60, os acontecimentos nacionais e mundiais começam a influenciá-lo decisivamente. No exterior, a ascensão dos Beatles; no Brasil, a renúncia do presidente eleito Jânio Quadros, a crise política que se arrastou até o golpe militar de 1964.

No âmbito cultural, internamente, temos a efervescência da Bossa Nova, o Cinema Novo, o Teatro de Arena, o CPC da UNE e a contracultura que culminaria no chamado Tropicalismo.

No final de 1963, Gil estudava Administração de Empresas na Universidade Federal da Bahia, e foi nesse período que conheceu Caetano Veloso e sua irmã, Maria Bethânia. Juntos, incluindo posteriormente Gal Costa, dariam início a um importante movimento dentro da MPB — Música Popular Brasileira, em que a riqueza das letras revelaria verdadeiras poesias. Dois anos depois, Gilberto se formava Administrador de Empresas, entre os primeiros de sua turma, e foi admitido como gerente estagiário na multinacional Gessy Lever. Devido ao bom aproveitamento, logo foi transferido para a sede da empresa, em São Paulo, e com a primeira esposa iniciou vida nova.

Em entrevista concedida a Almir Chediak e publicada no *Songbook: Gilberto Gil*, volume 2, o compositor afirma:

> "A vinda da Bethânia pra fazer o *Opinião* foi muito decisiva pra minha ida pra São Paulo, pra Gessy Lever. Porque, ao terminar o curso de Administração, em 1964, o encaminhamento prioritário do desdobramento da minha formatura era a Pós-Graduação, o *Master* nos Estados Unidos, em Michigan, para o qual eu já vinha me preparando. Estava pronto para ir para lá quando surgiu o teste da Gessy Lever na Bahia, coincidindo com a vinda da Bethânia pra São Paulo. Aí, na hora da opção, dei preferência à Gessy, porque Bethânia, Caetano e Gal já estavam viajando pra São Paulo".[24]

É o tempo dos festivais de música, nas antigas emissoras de televisão: Record e Excelsior. Primórdios das tevês brasileiras. Bons nomes surgiram nesses festivais, engrandecendo, sobremaneira, a cultura musical do país.

No ano de 1967, Gil começa a repensar o seu trabalho musical, até então o baiano Passos dava os primeiros passos nessa área, um estreante, amador, mas, influenciado pelo momento sociopolítico, a tendência era de música engajada, a canção de protesto.

Até então ele equacionava a gerência de Administração de Empresas com as composições musicais que começavam a surgir. Em uma decisão histórica e significativa, não só para a sua vida, mas para a vida cultural brasileira, abandona definitivamente a profissão, a Gessy Lever e dedica-se à vocação.

No dia 13 de dezembro o então regime militar decreta o AI-5, Ato Institucional nº 5, fecha o Congresso Nacional, começa a cassar e a caçar parlamentares.

---

24. CHEDIAK, Almir. *Songbook: Gilberto Gil*. Rio de Janeiro: Lumiar, 1992, v. 2, p. 21.

Conforme cita Fred Góes em seu livro *Literatura comentada: Gilberto Gil*, à página 6, lemos:

"As cadeias se entopem de presos políticos e muitos artistas, intelectuais e políticos se exilam. Gil e Caetano não escapam à repressão e, às vésperas do Natal de 1968, estão presos e de cabeça raspada. Os motivos pelos quais foram presos nunca foram oficialmente esclarecidos".[25]

Pela importância histórica vejamos um trecho da citada entrevista a Almir Chediak, em que Gil entra em detalhes:

"Fomos presos em São Paulo, eu e Caetano. Naquele momento, a gente sofria um isolamento, isolamento na imprensa, no próprio meio artístico. Nós pertencíamos a um grupo restrito e foram poucas as adesões. Vozes isoladas aqui e ali. Glauber Rocha, Zé Celso, Hélio Oiticica, gente que se identificava com aquilo tudo que fazíamos. Os irmãos Campos, o Augusto fazendo a nossa defesa, defendendo a estética tropicalista como algo novo e importante, revolucionário enfim. Mas o grande meio musical, todo ele ficou arredio, desconfiado".[26]

Em uma sexta-feira, 15 dias depois do AI-5, o compositor foi preso, mas, nessas duas semanas que antecederam a prisão, ele conta na entrevista como era o clima de então:

"Tem o AI-5 no dia 13 de dezembro. Nos dias seguintes fica aquela atmosfera de apreensão. As ameaças, os telefonemas. O Jô Soares avisa: "Olha, tenho notícias de que estão atrás de vocês". O Randal Junior faz campanha contra nós na televisão, acusando-nos de ter cantado o Hino Nacional, de ter desrespeitado o Hino Nacional e a bandeira, enfim, uma série de fofocas, muita intriga contra nós. E fica aquela coisa de vão prender, não vão prender, foge, não foge, sai do Brasil, não sai do Brasil. Eu e Caetano resolvemos ficar e aguardar a situação. Por mais apreensão que houvesse, a gente não achou que a coisa pudesse ficar tão complicada. Aí, no dia 27, 28...

---
25. GÓES, Fred. *Literatura comentada: Gilberto Gil*. São Paulo: Abril, 1982, p. 6.
26. CHEDIAK, Almir. Op. cit. p. 24.

Dois dias depois do Natal, quinze dias depois do AI-5, numa sexta-feira, exatamente, chega a Polícia Federal. Chega enviada do Rio, pelo Segundo Exército, e nós somos trazidos de São Paulo, direto de casa, para o Rio. Foi assustador. Fomos transportados numa Veraneio da Polícia, eu e Caetano, juntos. Me lembro que era o dia da chegada da Apollo à Lua. Às cinco horas da tarde chegamos ao Rio, fomos para o Ministério da Guerra, ali na Presidente Vargas, e, de lá, para a Tijuca. Na Tijuca, ficamos uma semana em solitária, um quartinho fechadinho. Uma semana ali, isolados. Depois, nos põem num camburão fechado e vamos parar na Vila Militar. Aí já tem mais gente, uma cela maior, com umas 12 pessoas. Lá estão o Perfeito Fortuna, o Ferreira Gullar, o Antonio Callado, o Paulo Francis, e ali ficamos mais 15 dias. Daí somos transferidos para prisões individuais, não solitárias, mas prisões individuais, em Deodoro, no PQD (Regimento de Pára-Quedista)".[27]

Vejamos um pequeno trecho da entrevista do escritor e jornalista Antonio Callado, à *Folha de S. Paulo*, ao completar 80 anos, em 26/01/1997:

"**Folha** — O Sr. esteve na prisão com Gilberto Gil e Caetano?

Callado — O Gilberto Gil sofreu muito. Eles aporrinharam muito o Gil. Eles detestavam ele. Tinha um cara desse tamanhinho, horroroso, um oficialzinho de segunda categoria, esse era uma peste. Vivia aporrinhando o Gilberto Gil. "Por que você não corta essa barba, Gilberto?" Ele respondia: "Eu não estou de barba, eu uso barba". Era muito avacalhante. Aí o oficial levava o sujeito lá para fora. Tinha um muro branco para dar a idéia de que ele seria fuzilado. Uma porção de bobagens desse tipo.[28]

É justamente nesse momento, atrás das grades, que há uma "virada" interior no poeta Gilberto.

---

27. *Ibidem*, p. 25.
28. *Folha de S. Paulo*, 26/01/1997.

Na prisão, Gil passa por uma profunda transformação espiritual e que o leva a se aproximar da filosofia oriental.[29] Em depoimento ao Suplemento *Folhetim*, de 07.08.1977, da *Folha de S. Paulo*, assim se expressa o próprio Gil:

"Até então, na minha vida, nunca tinha sofrido o problema da supressão da liberdade física e psíquica. Ela significava primeiro que eu estava sendo fisicamente tirado do meu espaço geral para uma prisão mesmo, e depois porque aquilo era uma sanção ao meu pensamento, à minha atitude, era uma coisa toda contra os limites de expansão da minha condição psíquica. (...) *Comecei a fazer ioga e regime vegetariano.* Eu tinha um certo espaço, cinco metros quadrados, nos quais eu me movimentava durante aqueles dois meses que fiquei preso e tinha o meu espaço psíquico que exatamente procurou ultrapassar as fronteiras do cotidiano vivenciado até então. *E vieram aquelas coisas cósmicas de sair mesmo da terra, proporcionadas pelas meditações, respirações, posturas, relaxamentos, diminuição da riqueza alimentar* pela parcimônia que passei a adotar em relação à vida".[30] (Nossos grifos)

As linhas grifadas exemplificam a nossa proposta de trabalho, qual seja, a de estudar a poética de Gilberto Gil a partir de sua virada mística. Mas voltemos ao livro do professor Doutor Fred Góes:

"Depois de passar dois meses na prisão, às 11 horas da quarta-feira de cinzas de 1969, Gil é solto, mas não está livre, volta para Salvador e lá é obrigado, assim como Caetano, a se apresentar regularmente a uma autoridade. A ausência de liberdade o leva a abandonar o Brasil".[31]

No livro *Songbook*, Gil conta mais detalhes de sua "libertação" vigiada:

"Saímos do quartel de pára-quedistas, fomos para a Polícia Federal, dormimos lá e, no dia seguinte, pegamos um avião da FAB, com escolta de policiais, que nos levou para Salvador.

---

29. GÓES, Fred. Op. cit., p. 6.
30. *Ibidem*, p. 6
31. *Ibidem*, p. 6.

Aí então somos soltos, em regime de custódia. Temos de nos apresentar regularmente à Polícia Federal".[32]

Prosseguindo, o compositor conta que, durante a liberdade vigiada, ele e Caetano eram "impedidos de trabalhar, de dar entrevistas, fazer aparições públicas, sair de Salvador...". Inclusive, não podiam visitar o pai, na pequena cidade do interior.

Com uma autoridade local é negociada a saída para o exterior e tem início o exílio: Portugal, Paris e Londres.

Na Inglaterra, a Embaixada brasileira o declara *persona non grata* para as agências de notícias. Mas ele não se angustia e, segundo Fred Góes, "aprofunda sua opção oriental, emagrece por meio da macrobiótica".

Volta ao Brasil em 1972 "e consolida uma concepção de mundo própria com base nos ensinamentos da filosofia oriental", continua Fred Góes, para mais adiante completar:

"Durante o ano de 1975, junta-se a Jorge Ben e grava um álbum duplo. Esse ano marca também o início da "fase Re", com a gravação de *Refazenda*. *Refazenda* representa um encontro de Gil consigo próprio, conseguido por meio da meditação, da macrobiótica, do misticismo e de uma maior identificação com a natureza".[33]

Enquanto compositor e poeta, aparecem na trajetória de Gil fortes indícios de influência do pensamento e da estética zen, como veremos a seguir.

Gilberto Gil surge com o Tropicalismo, movimento de repulsa à sociedade da época, uma tentativa de transformação e até mesmo de sobrevivência cultural, visto que, de um lado, tínhamos a ditadura militar e, de outro, o conservadorismo ainda reinante por meio de comportamentos, preconceitos e procedimentos afins.

É bem verdade que toda época tem a sua estética, ou as suas estéticas, os seus movimentos musicais, as formas de rebeldia juvenis. É fato, também, que os tropicalistas sob um aspecto inspiravam-se na bossa nova, e sob outro na contracultura norte-americana, *beatniks*, *hippies*, etc.

---
32. CHEDIAK, Almir. Op. cit., p. 26.
33. GÓES, Fred. Op. cit., p. 6.

Como já vimos, a publicação dos *Ensaios sobre Budismo Zen*, de Daisetz Teitaro Suzuki, segundo Heidegger, é um "acontecimento tão importante quanto a tradução de Aristóteles no século XIII e de Platão, no século XV". Logo, Suzuki é o filósofo do nosso tempo, talvez, ainda não suficientemente reconhecido. Quem sabe, mais adiante, no próximo século, aceite-se mais tranqüilamente a afirmação do filósofo alemão.

Com isso estamos querendo dizer que, em parte, os *beatniks*, a contracultura e os *hippies* beberam na fonte zen. Os *Ensaios* de Suzuki foram publicados em 1927; a partir daí começou, no Ocidente, a penetração da cultura zen. Houve uma pequena interrupção no pós-guerra, e logo após 1945 começam de forma sistemática e abrangente, nas universidades norte-americanas, o estudo, a pesquisa e a divulgação do Zen. Como informou certa feita o *Jornal do Brasil*, dando conta de que, nesse século, o que mais influenciou o pensamento universitário norte-americano foi o Budismo.

Portanto, a irreverência, a iconoclastia do período *hippie, beatnik* e da contracultura têm muito de Zen. É bom esclarecer, contudo, que esses citados movimentos trouxeram aspectos negativos para o Ocidente, que não têm nada a ver com a proposta de uma vida zen. É preciso lembrar que o Zen é uma atitude filosófica diante da vida, uma postura, uma ética, oriunda até de uma vivência religiosa, sem os convencionalismos da religião. O Zen seria o que tradicionalmente se define como religião *religare*, o homem à sua fonte original, o ser integrado e íntegro. Não há aí, então, negatividades como drogas e outros desregramentos que aconteceram no tempo *beatnik*, contracultura e *hippies*.

O Tropicalismo também era um movimento de renovação da MPB — Música Popular Brasileira. O envolvimento de Gil com drogas, prisão e questões políticas resultou na componente mística. O poeta embasa essa reflexão na sua transmutação pessoal, no Zen como fator de equilíbrio e sobrevivência naquele período. É esse período de sua vida literária (poética) que vamos analisar com mais afinco, em detrimento das demais fases de sua carreira.

O Professor Doutor Fred Góes chama a esse período de Gil de "Retiros Espirituais", quando, de fato, ao lermos sua poesia, identificamos, claramente, as meditações zen do poeta Gil. A referência ao Professor Doutor Fred Góes se faz necessária porque foi ele o primeiro a estudar especificamente, na Faculdade de Letras da UFRJ, a poética de Gilberto Gil.

O tema zen acontece, na obra de Gil, na medida em que ele contempla este mundo, o nosso mundo, aparentemente sem saída, ante as contradições da sociedade brasileira. Assim, musicalmente, ele busca respostas ou saídas para enfrentar o radicalismo daquele tempo: ora a repressão do aparelho de Estado, ora a proposta de "luta armada" de alguns grupos de esquerda. Por meio da arte, da música, da poesia, o Zen sintetiza estas três que se constituem em uma só. Gilberto Gil consegue e propõe uma alternativa, o seu caminho pessoal.

Poetizando a respeito do caos urbano, social, econômico, cultural, ele escreve o que sente e, com sensibilidade, inscreve na história da música brasileira essa vertente poética zen que estamos estudando.

É próprio do ser humano buscar saídas para o que agoniza, e naquele tempo vários setores da sociedade brasileira agonizavam, mormente as manifestações artísticas, em função da censura, do AI-5 e de outras leis repressivas. O percurso de Gil sofre um revés: antes, suas letras tinham um cunho social e após a prisão ganham um matiz interiorizado. Gilberto Gil dá um salto, uma reflexão, um *insight* e eis a sua nova fase, o "se oriente rapaz", não apenas do verbo orientar, mas o Oriente no sentido geográfico sugerindo todo o arcabouço filosófico que essa mudança implica. Falava-se também, na época, que orientalismo era alienação, era uma fuga, uma evasão. Gil, por meio de suas letras, demonstra que a proposta zen é abrangente, totalizante, não-reducionista.

Sua proposta é (re)descobrir o fio da meada. Tal e qual na lenda grega do Minotauro, é o encontrar-se a si mesmo, consigo mesmo. O caos deixa de existir enquanto massa amorfa, disforme, e passa a existir o ser, o brotar, o nascer, o florir, o gênesis, o Caminho. Se antes não havia aparentemente saídas e só o desespero das drogas ou a luta armada, a virada zen provoca uma tomada de consciência, uma (re)viravolta. Em conseqüência, logo depois o poeta lança discos com os títulos *Refazenda* e *Refavela*.

Nesse exercício ele se autodescobre, e o ouvinte/leitor percebe que a vida é um constante refazer-se. Justamente o que propõe a compreensão zen. Há quem identifique nesse movimento de autodescoberta uma tendência romântica ou neo-romântica. A visão transmutadora sugere algo idealista, mas o Zen é, talvez, de um idealismo pragmático, de uma objetividade idealista. Não se trata de contradição, mas uma nova acepção dos vocábulos citados ou, como é próprio do Zen mesmo, contradição sim, visto que é nesse atrito que o Zen caminha, vive. Não a contradição doentia, negativista, depressiva, mas a criativa.

A poética de Gil atesta a crise do nosso tempo. O Zen nos fala que a crise, qualquer crise, é excelente oportunidade para a autocompreensão e, por conseguinte, a percepção do todo, do mundo que nos cerca.

"O Zen é uma nuvem que passa", diz o adágio budista. Esse adágio, essa idéia, concretiza-se, faz-se presente na música, na literatura, na pintura, nas artes em geral e, naturalmente, na poesia de Gilberto Gil. Passa o tempo, a arte fica. O Zen é a intuição desse momento criador, quando o poeta realiza o seu fazer literário, no caso, o fazer poético.

Analisaremos a seguir alguns poemas de Gilberto Gil. Sua experiência de vida o levou a estados de compreensão semelhantes ao proposto pelo caminho zen. A "leitura zen" que nos interessa é identificar na poesia de Gil elementos que nos levem a refletir a respeito da condição do ser, a meditar acerca das quatro nobres verdades, da nobre senda óctupla.

Esses dois itens básicos, as quatro nobres verdades e a nobre senda óctupla, constituem o principal arcabouço da doutrina budista. Devido a real importância dos mesmos, vejamos as definições, de forma resumida.

Quando Sidarta atingiu a iluminação compreendeu *"A verdade da existência do sofrimento"* e a isso ele chamou de primeira nobre verdade, entendendo-se por tal a impermanência, a insatisfatoriedade e a impessoalidade de tudo o que existe. Em seguida, compreendeu que *"Esta verdade tem uma origem, tem uma causa"* e ele chamou de segunda nobre verdade, compreendendo-se nesse item o desejo, em todas as suas manifestações. Continuando nessa investigação, Gautama percebeu que *"Esta origem, esta causa tem um fim, tem um término"*, que é, justamente, a extinção do desejo, qualquer que seja ele. A isso o Buda chamou de terceira nobre verdade. Mas, para que haja esse término, esse fim, é necessário *"O caminho que conduz à extinção do sofrimento"* e esse caminho, que ele chamou de quarta nobre verdade, é conhecido como a *"Nobre senda óctupla"*, a saber: palavra correta, ação correta, meio de vida correto, esforço correto, plena atenção correta, concentração correta, pensamento correto e correta compreensão.

Os três primeiros fatores dessa senda constituem a ética budista, os três seguintes a chamada disciplina mental e os dois últimos a introspecção, a sabedoria e a iluminação, visto que "correta compreensão" é sinônimo de "despertar", de "iluminar". Eles acontecem de forma conjunta e não isoladamente; aliás, não se deve vê-los como preceitos, mandamentos, exigências. Budismo é compreensão, logo tais itens são vivências, experiências com a verdade e na verdade.

4 — O que Dizem as Letras

4.1 — O vazio de todas as coisas

Copo Vazio

Gilberto Gil

1   É sempre bom lembrar
     Que um copo vazio
     Está cheio de ar.
     É sempre bom lembrar
5   Que o ar sombrio de um rosto
     Está cheio de um ar vazio,
     Vazio daquilo que no ar do copo
     Ocupa um lugar.
     É sempre bom lembrar,
10   Guardar de cor
     Que o ar vazio de um rosto sombrio
     Está cheio de dor.
     É sempre bom lembrar
     Que um copo vazio
15   Está cheio de ar,
     Que o ar no copo
     Ocupa o lugar do vinho,
     Que o vinho busca ocupar o lugar da dor,
     Que a dor ocupa a metade da verdade,

20   A verdadeira natureza interior,
     Uma metade cheia,
     Uma metade vazia,
     Uma metade tristeza,
     Uma metade alegria.
25   A magia da verdade inteira.
     Todo poderoso amor.
     É sempre bom lembrar
     Que um copo vazio
     Está cheio de ar.[34]

© *Copyright by **Gege Edições Musicais Ltda.** (**Brasil e América do Sul**)*
Preta Music (Resto do Mundo) — *Av. Almirante Barroso, 97 — Sala 1205 Parte — Rio de Janeiro — Brasil. Todos os direitos reservados.*

O primeiro item que salta aos nossos olhos é a questão do vazio, um assunto muito caro ao Zen. Tudo é vazio e o vazio é a impermanência, é a insatisfatoriedade do ser humano ante as intempéries existenciais do nosso tempo. Os pares opostos cheio/vazio, tristeza/alegria nos lembram a dialética, remetem-nos às antíteses perfeitas e imperfeitas que percorremos ao longo da vida. De acordo com o Zen, em tudo há os dois aspectos, não existe só um lado. As questões são múltiplas, poliédricas, como um prisma que produz a refração da luz em vários liames. As coisas, pessoas, fatos e situações são plurais, e por isso unas.

Como afirma o clássico *Sutra do diamante*, texto canônico budista muito utilizado pelo Zen para explicar a vida:

"— Subhuti! O que pensas? Pode-se considerar o Tatágata (o Buda) como alguém dotado de características especiais?

Subhuti respondeu:

— Não, não podemos considerar o Buda como alguém dotado de características especiais. Isso porque, ó Mestre, o Tatágata (isto é, o Buda) ensinou que ser dotado de características especiais é não ser dotado de características especiais.

Ao ouvir essa resposta, o Mestre disse o seguinte ao Venerável Subhuti:

---

34. *Ibidem*, p. 49 e 50.

— Ó Subhuti! É mentira dizer que ele é dotado de características especiais, mas não é mentira dizer que ele não é dotado de características especiais. Por isso, devemos ver o Tatágata das duas maneiras: como sendo e como não sendo dotado de características especiais".[35]

O texto acima é a quinta parte do referido sutra; ao longo desse tratado, o Buda que se autodenomina "Tatágata", que quer dizer, literalmente, "um que vai assim", ou seja, o ser que caminha isento de rótulos, quaisquer que sejam eles, dialoga com o seu discípulo Subhuti, visando a compreensão de Subhuti e tentando demonstrar que, para chegar à Verdade, é necessário estar além das dicotomias, como o poeta Gil muito bem coloca em seu poema.

É preciso compreender essa contradição. O contraditório é a própria vida. É a nossa visão linear, equivocada, ao pensarmos que as coisas, fatos, pessoas e situações deveriam ser como nós queremos e não como geralmente são, transitórios, inconstantes, impermanentes, que nos fazem sofrer. O ser é um fenômeno, um composto, um conglomerado de aspectos físicos, sociais, psíquicos, culturais, políticos, econômicos, ideológicos, espirituais, etc. Todos esses lados se resumem em dois, pois é o lado interior e o lado exterior. Os lados "visíveis" que compõem o homem, o ser. O lado exterior é facilmente aceito como visível, mas o interior subentende-se pelos lados citados acima. E o homem os guarda em seu coração, em sua mente, entendendo-se por tal o "interior".

Esses dois lados se resumem em um único, como uma moeda que tem sempre os dois lados, assim é o homem, assim é o ser. Os corpos no espaço têm pelo menos dois "lados", vejamos o caso da lua, há sempre um lado oculto, há sempre um lado interno, não-visível, investigá-lo é fundamental e é essa a proposta do Zen, e é essa a proposta que nos dá Gil em sua letra.

Novamente, o *Sutra do diamante* em sua 32ª e última parte afirma:

"O mundo dos fenômenos
É semelhante às estrelas, a uma sombra, a uma chuva,
A uma miragem, ao orvalho, à espuma,

---

35. GONÇALVES, Ryokan R. M. *Textos budistas e zen-budistas*. São Paulo: Cultrix, 1977, p. 58.

A um sonho, ao relâmpago, a uma nuvem.
Vede dessa forma todas as coisas".[36]

Essa pequena estrofe que encerra o citado texto é de suma significação para a abordagem zen da vida. É o que o budismo fala o tempo todo. Que tudo é impermanente, ilusório, fugaz, tudo é permanentemente impermanente.

Falamos em composto, composto lembra união, junção, agregado, mas o Zen afirma que tudo o que é composto não escapa à separação, tudo o que existe acaba e ao compreendermos essa infindável sucessão de estados chegamos ao vazio.

Compreender o vazio é entender as quatro nobres verdades e a nobre senda óctupla. Ao vivenciarmos, ao compreendermos verificamos que tudo passa, que tudo é transitório. Tanto o sofrimento como a alegria são temporários, a um sucede-se o outro ininterruptamente ao longo da vida. O vazio é a lei da impermanência, nada é parado, tudo é movimento, tudo é mutável; tal lei coincide com a "permanente transformação" dos pré-socráticos e também com os postulados do Confucionismo e do Taoísmo desenvolvidos na China, estes dois últimos cresceram em quantidade e em qualidade quando passaram a adotar em seus *corpi* doutrinários elementos do Budismo-Zen.

Com o vazio percebemos que todas as coisas carecem de um fundamento, de uma substância e, portanto, não podemos nem devemos nos apegar ao que não tem fundamento; surge nesse momento a grande percepção: até nós, pobres mortais, somos carentes de sentido, de substância, somos mutáveis, passageiros, transitórios, ilusórios e conosco tudo o mais à nossa volta também passa, daí a recomendação do Zen de não nos apegarmos a nada.

Vazio em sânscrito é *sunya*. Em português tem a sua correspondente no nome próprio *Sônia*.

As últimas palavras do *Sutra do diamante* são: "Aqui termina a Sagrada e Venerável Perfeição da Sabedoria, semelhante ao Diamante que corta todas as coisas".

Essa sabedoria, quer dizer, essa visão de mundo, essa compreensão da vida é sagrada, é venerável e é perfeita porque, tal e qual o diamante, ela corta todas as coisas, isto é, todos os apegos, todas as negatividades, todos os problemas, todas as dificuldades.

---
36. *Ibidem*, p. 82.

Ao cortar essa falsa noção de eu, de meu, naturalmente vai se compreendendo o outro e como tal o seu e o teu vão deixando de existir, por conseguinte, o nosso, o vosso e o deles também vão acabando porque, como bem diz o significado dessas palavras, há um hiato, uma separação, uma dicotomia, o mundo vai sendo dividido e, quanto mais se divide, mais existem guerras, problemas, disputas, justamente para manter, para defender a parte correspondente ao meu, ao eu contra o que é seu, teu. Protege-se o nosso contra o que é deles.

O Budismo afirma que nós somos como pedras preciosas embrutecidas, precisamos de polimento. Assim é o diamante que precisa ser trabalhado. De acordo com o Zen, precisamos descobrir nossa natureza original e ao descobri-la podemos cortar os problemas, sendo que descobrir a natureza ou face original é descobrir que não há um eu que seja fixo, permanente.

O Zen é um eterno autodescobrir-se, autocompreender-se; o Buda procurava investigar tudo até a exaustão, para que não sobrasse nada, para que não se deixassem vestígios, visto que esses restos, esses rastos, poderiam ainda levar a interpretações e conceituações. Nessa investigação profunda, os sábios praticantes zen constataram a existência de 18 formas de vazio. Vejamos o que nos diz o Prof. Suzuki a respeito dessas formas, com base no texto canônico chamado *Mahaprajnaparamita*, cuja tradução é "Perfeição da Grande Sabedoria":

1 — Vazio das coisas interiores
2 — Vazio das coisas exteriores
3 — Vazio das coisas interiores e exteriores
4 — Vazio do vazio
5 — Grande Vazio
6 — Vazio da verdade última
7 — Vazio das coisas criadas
8 — Vazio das coisas incriadas (não-criadas)
9 — Vazio último
10 — Vazio da ilimitação (da infinitude)
11 — Vazio da dispersão
12 — Vazio da natureza primária
13 — Vazio do eu
14 — Vazio das coisas
15 — Vazio do inexequível

16 — Vazio do não-ser
17 — Vazio da autonatureza
18 — Vazio do não ser da autonatureza.[37]

Pelo que vimos até aqui, de uma forma ou de outra, já tratamos dessas 18 formas que Suzuki especificou e a poesia de Gilberto Gil nos deixa compreender e vivenciá-la, poeticamente, melhor.

Vimos ainda há pouco que vazio é *sunya*, em sânscrito. Em português temos a palavra "insônia". Ora, nós só conseguimos dormir quando estamos vazios de pensamentos, de problemas, de dificuldades, de situações. Só adormecemos quando estamos soltos, livres, leves. Em contrapartida, se a nossa mente está pesada, preocupada, tensa, cheia, carregada, não conseguiremos dormir, não conseguiremos descansar, relaxar, porque não estamos vazios, estamos apegados a uma série de fatores. Estamos com in-sônia, estamos não-vazios, visto que *in* é um prefixo latino e quer dizer "não".

Para que o desapego seja vivido e compreendido nós devemos constatar que tudo é vazio, como a listagem mostrada anteriormente, o que imaginamos como real é irreal, quando pensamos que uma coisa existe, na verdade, ela não existe, é uma ficção, é o copo vazio cheio de ar, é o rosto sombrio, aparentemente vazio, mas cheio de dor, de sofrimento.

Ainda segundo o Zen, o Budismo e toda a filosofia oriental, o mundo é *maya*, ou seja, é uma ilusão, nós pensamos e agimos como se ele fosse definitivo, mas não é, e é por ele ser tão transitório que pensamos que é definitivo, daí a contradição dialética do *Sutra do diamante*. A realidade é uma ilusão, este é um mundo de fenômenos, o real não existe, e só é fictício porque existe. É a nossa incompletude que nos faz pensar que a realidade seja, de fato, real, eterna, perene, verdadeira, imutável.

Ora, se tudo está em constante mutação, onde está o eterno? Ou, como diz o título de outra música de Gil: "O eterno Deus Mu-Dança". Dança é movimento e movimento é o que os corpos fazem no espaço; o vazio-espaço é preenchido pela impermanência (dança — rítmica, harmônica) dos seres em um constante vai-e-vem. A impermanência, im-permanência, ou seja, não-permanente, é o vazio. O vazio é preenchido pelo próprio vazio, coisas vazias preenchem o

---

37. SUZUKI, Daisetz Teitaro. Op. cit., v. 3, p. 256.

todo-vazio. Por isso, no item 4, Suzuki listou o vazio do vazio, e é aqui, nesse vazio do vazio, que a compreensão desse processo, desse momento, torna-nos criativos, ao percebermos que esse Vazio é Criador. Neste sentido, outro nome para Deus bem pode ser Vazio, mas profundamente cheio.

Vazio é silêncio, é potencial, mas essa potencialidade que implica possibilidade nasce com a compreensão de que a realidade, a que todos atribuem um valor perene, é uma ilusão, semelhante a uma ilusão de ótica, a um sonho, a uma miragem no deserto fabricada pela mente que tem carência de água. Sede, desejo, assim é a necessidade de dar um sentido a alguma coisa que não tem sentido, que nos faz idealizar algo em torno dessa coisa, nos faz criar, imaginar algo existente, palpável. Como vimos, isso é "maya" — ilusão, e ilusão é vazio.

Em português temos o vocábulo des-maiar. Quando perdemos os sentidos, ou seja, quando perdemos o contato com os cinco sentidos, mais o sexto, que para os budistas é a mente, nós estamos fora de *maya*, estamos fora da ilusão, porque só se vive na ilusão de que a ilusão existe. Quando perdemos os sentidos, perdemos o contato com *maya* e ficamos fora da ilusão, estamos desligados dessa grande ficção, e assim corremos o risco de não viver, até de morrer, morrer é deixar a ilusão de lado, viver é representar... Fingir que a realidade existe. Lembremos do "fingimento" de Camões, de Fernando Pessoa e de tantos outros, lembremos de Erich Auerbach em seu *Mímesis* — a representação da realidade pelo realismo. Esse sentido de representação é feito pelo realismo na literatura.

Na poesia de Gil vemos que a dor é a metade da verdade, porque se a pessoa entender a razão de ser da dor constatará a origem do sofrimento e terá então a outra parte da verdade. Lembremos das quatro nobres verdades do Buda, do Caminho, para compreender a dor, o sofrimento. Entendendo-se a metade cheia e a metade vazia que somos nós, entenderemos que a alegria passa e a tristeza também e o que fica é a magia da verdade inteira. É magia porque é incógnita. Nem sempre a compreendemos assim. Em geral, temos a tendência de dizer que é "magia" aquilo que está oculto, o outro lado da verdade que está escondido, e como afirmamos que é magia tendemos a fantasiar essa verdade, daí o misticismo, mistificamos, tornamos "místico" o lado que não compreendemos da verdade, porque é esse o lado que explica a razão do nosso sofrer. Quando compreendemos tudo, o todo, vemos toda a verdade, inteiramente, e constatamos que a verdade é o amor, o amor é a verdade inteira, o amor é a eterna busca de felicidade, e como essa busca é eterna, enquanto todos os homens vivem, nós buscamos a felicidade eterna, a verdade eterna.

Há um trecho da Bíblia que diz: "Deus é amor". Em outro: "O amor é eterno". Em outro: "Deus é a verdade, é o caminho". Por todos esses exemplos vemos que Deus é o eterno exercício do homem procurar a felicidade e deixar de lado o sofrimento. Ainda para citar a Bíblia, em um trecho do Antigo Testamento, diz-se que Deus é "El Shaddai", que em hebraico significa "Todo-poderoso", semelhante ao que disse o poeta Gil — o todo-poderoso amor.

Voltemos à poesia de Gil. O primeiro verso "é sempre bom lembrar" nos remete à meditação budista, a prática consiste em desenvolvermos o que se chama "plena atenção" e essa é a arte de nos tornarmos conscientes do que estamos fazendo, do que estamos vivendo, vivenciando, presenciando, tornando presente, compreendendo o momento. Quando a pessoa fica desatenta, é a constante lembrança que vai fazê-la tornar-se consciente da sua distração, desatenção, logo isso é uma forma de ajudar a manter a plena atenção. O esquecimento é falta de atenção, mas a contradição do Zen, a dialética é o desenvolvimento da memória. O treinamento para ficar sempre atento vai desembocar na consciência, que nos leva à compreensão do momento, do que está acontecendo conosco. Ter plena atenção é ter o pleno controle da realidade.

Essa insistência de Gil, cinco vezes, soa como um *mantra*, que é a repetição de palavras, de frases ou de expressões. A repetição acalma a mente porque a pessoa não está se distraindo, dispersando-se; e de acordo com o Budismo, pensamento é energia. Ao ser canalizada pelo *mantra*, essa energia é con-centrada . Ao ficar no centro, está além dos extremos, está imparcial, vendo as coisas como elas são e, por conseguinte, analisando e resolvendo o problema, a dificuldade, o sofrimento ou o que quer que seja. Em um sentido mais amplo, toda palavra é um mantra, mais ainda, todo som é um mantra e como tal é sagrado, daí a referência bíblica que fizemos ainda há pouco.

O segundo e o terceiro versos apontam a contradição aparente do copo vazio cheio de ar. Aparente porque depende do ângulo em que se olha. Sob um prisma algumas pessoas irão ver o recipiente sem nada, outras irão vê-lo repleto, cheio de ar. E assim é o Budismo, que nos mostra como é a vida e como os homens se inter-relacionam em seus caminhos e descaminhos, como as pessoas se encontram e desencontram com o mundo a partir de um mesmo objeto.

Alguns vêem só de um lado, outros vêem só do outro, poucos são os que procuram ver o objeto como um todo, tentando enxergar todos os lados possíveis e imagináveis. É que agindo assim, ou seja, procurando ver o todo e não só as partes, é que a democracia se torna palpável, o respeito ao outro uma constante e os comportamentos dogmáticos, totalitários ou "globalitários", para usar uma expressão do momento, cunhada pelo jornal francês *Le Monde*[38] para identificar tendências totalitárias em tempos de globalização. Esse procedimento budista desenvolve a tolerância, a compreensão, a harmonia.

A proposta da meditação é ver as coisas como elas são, sem as tradicionais dicotomias, e é isso o que a música de Gil nos mostra.

Naturalmente, a sombra é uma projeção, uma vacuidade manifestada. Desse modo, os versos 5 e 6 começam a falar da condição humana, da dor que incomoda a todos. Dor nem sempre no sentido físico, mas no sentido metafísico, psicológico, interior.

O verso 10 declara: "guardar de cor", reafirmando o mantra (v. 9), que já repetimos. Mas o que fica na mente é que guardar de cor quer dizer guardar no coração, e assim há uma forte dose de emoção nessa lembrança. De acordo com a nova tendência da psicologia transpessoal, que utiliza o Budismo como base de pesquisa, a emoção é uma verdadeira inteligência, daí o famoso *Inteligência emocional*, livro de Daniel Goleman, que é alvo de atenção em todo o mundo. Portanto, essa emoção que Gil recomenda em "guardar de cor", guardar no coração, vai levar o ouvinte-leitor a uma reflexão, a uma meditação e, com isso, a desenvolver a inteligência, a procurar o conhecimento, o saber, e assim a resolver a questão-tema da poesia que é o vazio. A vacuidade da vida, a transitoriedade de todas as coisas.

Mais adiante (v. 17), lembremo-nos da expressão em latim *in vino veritas*, "no vinho está a verdade". Só que aqui Gil nos lembra que a verdade, em primeiro lugar, é o vazio, a dor, o sofrimento e, por existir esse sofrimento, é que se busca o vinho, o atenuante para esquecer ou tentar curar a dor. Essa dor (v. 19) ocupa a metade da verdade, porque, existencialmente, ela é tão intensa, tão forte que preenche o vazio do ser humano, daí a tentativa de solução no vinho

---

38. *Folha de S. Paulo*, 15/4/1996.

para encontrar a verdade. Por que se bebe? Por que se sofre? O que se está buscando?

 O poeta nos diz (v. 20 ao 25) como é a nossa natureza interior; em parte é cheia, em parte é vazia; em parte é alegria, em parte é tristeza. É isso o que o Zen-Budismo nos fala o tempo todo. Há até mesmo *koans* recomendando que busquemos a nossa natureza original, e essa originalidade está no interior, na meditação que ajuda a descobrir a "magia da verdadeira inteira" (v. 25). A interioridade e a inteireza do nosso interior são o "amor" (v. 26), que tudo pode, que tudo move.

 Constatamos então que a verdadeira natureza interior é a magia do amor. Só que esse amor não é só o amor dos amantes, o amor dos namorados. É o amor em sentido mais amplo, mais existencial, mais metafísico, mais fenomênico, no sentido do fenômeno da vida, mais universal, mais espiritual.

4.2 — A viagem também é interior

Oriente

Gilberto Gil

1 Se oriente, rapaz
  Pela constelação do Cruzeiro do Sul
  Se oriente, rapaz
  Pela constatação de que a aranha vive do que tece

5 Vê se não esquece
  Pela simples razão
  De que tudo merece consideração
  Considere, rapaz,
  A possibilidade de ir pro Japão

10 Num cargueiro do Lloyd lavando o porão
  Pela curiosidade de ver onde o sol se esconde
  Vê se compreende,
  Pela simples razão de que tudo depende
  De determinação

15 Determine, rapaz,
  Onde vai ser seu curso de pós-graduação
  Se oriente, rapaz

Pela rotação da Terra em torno do Sol.
Sorridente, rapaz,
20 Pela continuidade do sonho de Adão.[39]

© *Copyright by **Gege Edições Musicais Ltda.** (**Brasil e América do Sul**)*
Preta Music (Resto do Mundo) — *Av. Almirante Barroso, 97 — Sala 1205
Parte — Rio de Janeiro — Brasil. Todos os direitos reservados.*

O título, em si, já diz muito, diz tudo a respeito do nosso trabalho. Essa música, essa poesia, é um diálogo que Gil tem com ele mesmo. É ele dizendo a si mesmo para se orientar, tomar um rumo, um sentido, uma direção, e esta vem de onde o sol nasce, do sol nascente, do Oriente.

No momento em que compôs a canção ele estava vivendo sob a repressão do então governo militar, mas a saída, a indicação, o roteiro era o outro lado do mundo. O Cruzeiro do Sul brilha no firmamento brasileiro, mas em sua mente começa a despontar o Oriente.

"Pela constatação de que a aranha vive do que tece" (v. 4) é um verso bem sintomático no pensamento budista. Em primeiro lugar é uma referência de que o homem é o que pensa, é o que ele faz, é o que ele age, realiza, idealiza, e, assim, o homem é o dono do seu nariz. Essa postura vai ao encontro das teologias ocidentais de que o homem, sendo criado por Deus, está à mercê de um destino predestinado, fixo, imutável.

O Zen costuma afirmar que no Budismo não se dá o peixe, mas se ensina a pescar; só que essa pesca não é ao acaso, não é questão de sorte ou azar. Também podemos traduzir como uma colheita, e se há colheita é porque houve uma semeadura, logo, nesse caso, o homem colhe o que semeia. Aqui neste importante verso, temos a presença de um fundamental conceito do orientalismo, presente em todo o Oriente e, por extensão, no Budismo como um todo. É o conceito de carma, a lei de ação e reação. Note que o poeta fala em constatação e essa palavra também expressa o pensamento budista, quando o próprio Buda recomenda testar, comprovar, averiguar e não acreditar tranqüilamente no que ele dizia.

A referência à aranha nos remete à seguinte parábola budista, publicada por Carlos Cardoso Aveline, no jornal *Paralelo 30*, de Porto Alegre, 1996, s/d.:

---

39. GÓES, Fred, Op. cit., p. 48.

"A Lenda do Fio de Aranha

Há cerca de 3000 anos, um conhecido ladrão e mentiroso morreu depois de ter enganado muita gente. Mas ele havia atingido em vida uma posição de poder e destaque, e por isso morreu sem qualquer arrependimento. Conta a história que sua alma foi então para o inferno, aquela região mais escura e dolorosa do baixo astral. Ali, durante séculos, o ladrão mentiroso suportou agonias tremendas, pagando pelo mal que havia feito. E sofria sem esperanças. Até que, um dia, Gautama Buda começou a pregar na terra a doutrina da verdade e da fraternidade.

Segundo a tradição, naquele momento um raio de luz divina iluminou, por um momento, a humanidade toda; e chegou até mesmo à região do inferno em que sofria Kandata, o delinqüente. Um pressentimento de fé e esperança nasceu então no íntimo do mentiroso. Havia percebido amargamente a inutilidade da sua falsa inteligência. Havia sofrido muito. Queria buscar aquela luz. E disse, então:

— Ah! Senhor abençoado, sofro profundamente, porque vejo e revejo sempre todo mal que fiz. Quero melhorar e entrar no Caminho, seguindo o ideal da verdade, mas não tenho forças. Ajuda-me!

Segundo uma antiga doutrina, as más ações se destroem a si mesmas, enquanto as boas ações dão frutos que se multiplicam. E o mestre respondeu ao homem:

— Kandata, será que algum dia, durante tua última vida, fizeste uma boa ação, por menor que seja? Ela pode ajudar-te, agora, a sair do estado lamentável em que estás. Mas para isso, terás também que abandonar, de agora em diante, todo egoísmo.

Kandata curvou a cabeça e ficou pensativo. Revisou outra vez toda a sua vida cuidadosamente, procurando uma boa ação. Foi difícil achar alguma, até que lembrou de algo e disse ao Senhor:

— Um dia, Mestre, eu andava pelo bosque e decidi não pisar em uma pequena aranha, porque tive pena dela. Pensei que aquele pobre animal era fraco e não fazia mal a ninguém. Para que iria matá-la?

O Senhor lançou um olhar compreensivo diante dos sofrimentos de Kandata, e mandou-lhe uma aranha suspensa por um fio. 'Agarra este fio e sobe por ele. Ele te sustentará', explicou. A aranha desapareceu. O homem agarrou-se ao fio, aparentemente frágil, e começou a subir.

Fino, mas forte, o fio resistia. Kandata seguia subindo. O inferno já estava lá embaixo, quase longe, quando o homem sentiu o fio estremecer. Kandata olhou para baixo e viu, então, que outros homens, ex-companheiros de miséria, haviam agarrado o mesmo fio e começavam a subir por ele. Queriam libertar-se do inferno também. Kandata ficou aterrorizado: temia que o fio se rompesse.

O fio resistia, agora, ao peso de várias pessoas, e esticava cada vez mais. Kandata já não olhava para cima. Preocupava-se sempre com a resistência do fio que já sustentava tanta gente, e olhava para baixo enquanto se movia para cima. Até que o medo egoísta tomou conta de sua consciência, e ele gritou:

— Este fio de aranha é meu. Larguem todos vocês esta esperança de salvação que pertence apenas a mim!

No mesmo instante, o fio de aranha partiu-se, e Kandata caiu de volta ao inferno, junto com o grande cacho de seres humanos que estava pendurado no fio de aranha na esperança de sair da região da dor imortal."[40]

Com isso, está implícita e explícita a mensagem de compaixão do Budismo e também a lembrança de que estamos todos juntos, ninguém é separado do outro e quem faz o caminho somos nós, mas sem egoísmo. Quem tece o seu destino são os seus pensamentos, as suas atitudes, as suas emoções.

Continuando, o poeta diz "vê se não esquece", nova referência à plena atenção, à meditação. O sétimo verso tambem é profundamente budista: "tudo merece consideração". Se Kandata tivesse consideração pelos demais seres, ele e os amigos de sofrimento teriam

---

40. Jornal *Paralelo 30*, Porto Alegre, nº 4.

saído do inferno. Quando temos essa atitude de solidariedade para com a vida respeitamos o outro, o próximo, temos uma reverência para com tudo e com todos, tomando-se por base o provérbio budista "nada está fora do caminho". Se nada está fora do caminho, logo, "tudo merece consideração", pois todos somos Budas, tudo é nirvana. E quem não age assim, quem não vive assim, temporariamente, está em um estágio de consciência de egoísmo tão grande que equivale a estar no inferno.

O verso 9 é uma referência ao Zen, já que é neste país onde este floresceu e floresce essa corrente do Budismo. O verso 10, "Num cargueiro do Lloyd lavando o porão", remete-nos às viagens dos tempos da contracultura quando muitos jovens cruzavam o mundo de forma alternativa, andavam de carona, realizavam trabalhos como lavar porões de navios, visto que as passagens em cargueiros eram mais baratas que as de avião, e o trabalho serviria como pagamento.

É uma indicação também para lavarmos o "porão" interno. O porão da mente, da consciência, do coração, no mais recôndito da alma; é por isso que é necessário se orientar, daí o título da música.

E assim chegamos ao verso 11 "pela curiosidade de ver onde o sol se esconde". Ora, o sol "nasce" no Japão, no Oriente, tanto que este é conhecido como o país do sol nascente e sua bandeira é um pano branco, a paz da meditação, do Budismo, que muito influenciou aquela cultura, com um círculo vermelho no centro, ou seja, o sol incandescente, o brilho da luz, da iluminação. Mas aqui, na música, a referência é lavar o porão da mente e ver onde está a luz. O sol é luz e o sol (luz) esconde/revela o que o inconsciente geralmente encobre.

É também uma explicitação da macrobiótica, dieta alimentar originária do Japão, muito em voga nos anos 60/70 e que Gil praticou. É uma forma de comer mais simples, propondo um tipo de vida mais próximo da natureza, sem aditivos químicos, conservantes, etc.

A lembrança "vê se compreende" (v. 12) soa como um mantra e é bem característica da meditação budista, visto que por ela o praticante chega à iluminação, à compreensão. Um dos significados da palavra Buda é "correta compreensão", "completa compreensão". E a afirmação "pela simples razão de que tudo depende" (v. 13) é outro princípio budista. Ainda que a oração se interrompa e se complete nas linhas seguintes, compreendemos, entendemos, budisticamente, que tudo depende um do outro. É o que Sidarta falava acerca da originação dependente. Estamos presos a uma corrente que envolve pessoas, coisas, situações nos mais variados aspectos: social, político, cultural, econômico, psicológico, religioso, filosófico, etc. Somos um conglomerado dessas coisas. Daí sempre dependemos de algo. Uma das compreensões, iluminações, *insights* básicos do Zen é esta "lei da originação dependente" que declara categoricamente que um fato origina outro, um condicionamento gera outro, um desejo faz surgir outro; e assim, infinitamente, os problemas se sucedem. Pela da prática, pela vivência do Zen, a pessoa compreende essa cadeia e começa a eliminar os elos da corrente que lhe prendem aos diversos apegos. Desse modo, ao cessar um desejo, cessa o outro, cessa a origem, a causa; parando um, pára o outro; terminando um, termina o outro; encerrando um, automaticamente encerra-se o outro.

Com relação ao verso 14, a palavra "determinação" tem um importante significado dentro do Budismo. Somos nós, claro, pelos condicionamentos, vivências, que determinamos o que vamos fazer da nossa vida, os passos a seguir. E na música, Gil determina um novo tempo, *termina* o antigo, o "velho" Gil, e começa uma nova ação, meditação, e determina-se seguir para o Oriente, não o Oriente geográfico, mas o oriente interior, a orientação, o sentido, a direção que vai mudar e de fato mudou a sua vida. Determinação é vontade, é a intenção que está presente em tudo, em todos os nossos atos. Logicamente, de acordo com os postulados zen, o que se faz necessário é uma vontade correta, um desejo nobre. O termo "determinação" lembra determinar, que também resgata o título da poesia; o verbo orientar é uma forma de determinação. Orientar é determinar.

Ele diz para si mesmo "Determine, rapaz" (v. 15). De-termine e haverá paz. Essa técnica de repetir, enfatizar algumas linhas é bem um propósito da meditação budista, como vimos, por meio dos mantras. Mas há um tipo de meditação em que não se usa mantra, cujos passos iniciais consistem na pessoa ficar dizendo para si mesmo, por pequenas palavras ou frases muito curtas, o seu estado no momento. Ou seja, se o estado de ânimo é no sentido de uma determinação, o praticante afirma para si, mentalmente: "determine, rapaz". A primeira sílaba da palavra rapaz tem o som "rá", e este é bem usado em algumas correntes do Budismo para liberar energias presas, couraças do comportamento, limitações psicológicas, barreiras interiores e suas respectivas prisões de relacionamento. Ao se pronunciar este "rá", que pode ser grafado "ha", a pessoa consegue a paz desejada.

Determinação também tem o aspecto de que, segundo Sidarta Gotama, o Buda, nós devemos sempre ter uma forte determinação em tudo o que fazemos. Ou seja, colocar amor, garra, energia e mais ênfase nas coisas do caminho. O verso 16 é uma referência biográfica, já que o compositor, antes de iniciar a carreira artística, pretendia fazer pós-graduação nos EUA, como vimos anteriormente. É uma reflexão acerca do seu antigo desejo, que ele não realizou. Entretanto, este mesmo (v. 16) nos fala de outra pós-graduação que ele estava começando a realizar, qual seja, a pós-graduação no Zen, na meditação. Ele não foi estudar nos Estados Unidos, mas, de forma alternativa, autodidata, foi estudar no "oriente", no seu interior.

No verso 17 há novamente o mantra e logo no seguinte a indicação para observar o ciclo natural das coisas, o tempo de ser no mundo. É o que o Zen chama de Lei, ou seja, a rotação da Terra em torno do Sol (que nasce no Oriente), é o ciclo normal da vida, um constante renascer, recriar. Em alguns sutras, o Buda é visto como o "sol" que ilumina a humanidade, não apenas o interior de cada um, como também o mundo. Por conseguinte, nós seremos humanos-planetas terras, giramos/rodamos/rotamos em torno do Sol-Buda. O Zen é a rota, o caminho que nos leva a descobrir o Oriente de cada um. Um dos princípios da macrobiótica Zen é a constatação, a compreensão de que tudo está em seu devido lugar, é o "Princípio único". Tudo está em equilíbrio e nada está fora do caminho. É o nosso desequilíbrio, a nossa "doença", a nossa falta de atenção que faz o "desconcerto do mundo" de que falava Camões. Entretanto, como tudo está em seu lugar, só há motivo para alegria, para felicidade, por isso o verso seguinte nos mostra o poeta sorridente.

Deste modo, pela meditação, chegamos ao verso 19 sorridentes e em paz, pois a meditação, a reflexão, a investigação nos levam à felicidade, à alegria, logo, estamos "sorridentes". Como se fosse um símbolo, um signo para explicar que a meditação terminou e agora já é hora de desfrutar a paz, ficarmos sorridentes para que possamos continuar o sonho de Adão (v. 20). Note que, mitologicamente (biblicamente), Adão foi o primeiro homem na face da Terra; foi ele quem começou a povoar, a dar nome, a nomear as coisas. Por outro lado, o significado teológico de Adão é que, sendo o primeiro exemplar da espécie humana, ele foi "feito à imagem e semelhança de Deus", conforme consta no *Gênesis,* primeiro livro da Bíblia. Logo, Adão também é Deus em carne, o Criador tornado gente, Deus no homem.

É uma indicação de que os atributos que Adão tem nós também temos, e o sonho é viver feliz, viver no paraíso, a descrição bíblica informa que ele vivia em um jardim, em um paraíso. Outra sugestão para que cultivemos e construamos um jardim, um paraíso em nossas vidas. Mesmo estando atrás das grades, Gil exercita-se livremente, mentalmente. Cada verso é quase um verso livre, uma linha solta, mas repleta de significados. E esse Oriente marcou a virada. É importante frisar que essa música nos leva a outra reflexão. A questão do Oriente que vimos levantando ao longo deste trabalho. Não mistificamos nem mitificamos a referida região geográfica como se fosse o paraíso, o nirvana celestial. Não temos ilusões a esse respeito, pois o próprio Zen trata de tirar toda e qualquer ilusão do praticante. Não fantasiamos o Oriente como busca paradisíaca. Não idealizamos romanticamente o hemisfério em questão. Nossa proposta de trabalho, de acordo com o Budismo, é justamente unir os dois lados, aparentemente opostos, mas que em essência não são. E essa é a nossa consciência. Nesse sentido o Zen, o Budismo não é alienígena, não é de fora, não é de terras estranhas ou exóticas. O Zen é um patrimônio da humanidade. Serve para os seres humanos melhor se conhecerem e melhor conviverem entre si.

4.3 — Somos todos aprendizes

Preciso Aprender a Só Ser

Gilberto Gil

1 Sabe, gente
   É tanta coisa pra gente saber
   O que cantar, como andar, aonde ir,
   O que dizer, o que calar, a quem querer.

5 Sabe, gente
   É tanta coisa que eu fico sem jeito
   Sou eu sozinho
   E esse nó no peito
   Já desfeito em lágrimas

10 Que eu luto pra esconder
   Sabe, gente,
   Eu sei que no fundo
   O problema é só da gente,
   É só do coração dizer não

15   Quando a mente tenta nos levar
     Pra casa do sofrer...
     Assim como eu preciso aprender a ser só,
     Reagir e ouvir o coração responder
20   Eu preciso aprender a só ser.[41]

   Inicialmente vamos ver o que diz Fred Góes a respeito dessa letra:

> © *Copyright by* **Gege Edições Musicais Ltda.** *(Brasil e América do Sul)* **Preta Music *(Resto do Mundo)*** *— Av. Almirante Barroso, 97 — Sala 1205 Parte — Rio de Janeiro — Brasil. Todos os direitos reservados.*

   "Tomando por inspiração o famoso samba-canção "Eu preciso aprender a ser só", de Marcos e Paulo Sérgio Vale, Gil reorienta um sentimento de fracasso amoroso freqüente em certos gêneros da música popular brasileira. Se nesses gêneros a tônica é a solidão, a *fossa*, o sentimento de perda, de desvalorização do eu, nessa canção a proposta é de recusa ao sofrimento e fortalecimento do ser. Sintetiza esta sugestão a magistral inversão: ao invés de "ser só", "só ser".[42]

   O Budismo afirma que em certo sentido nós somos completamente sós, isolados do mundo e, concomitantemente, imersos no mundo; nós somos soltos e paradoxalmente não somos soltos; nós somos sós e, contraditoriamente, não somos sós; nós somos isolados e também não somos isolados. Nós estamos unidos, inseridos no todo. Há uma interligação, uma interunião, comunhão que aproxima todos. Mas essa consciência de unidade se obtém na solidão, na meditação, daí o "Aprender a só ser"; este *só ser* significa a plenitude do que no Budismo se chama o vir-a-ser, isto é, o homem em toda a sua expressão espiritual. Ser em Buda, ser com o outro, ser no próximo, ser consigo mesmo... Ser um com todos e todos em um, o microcosmo no macrocosmo e vice-versa.

   Os dois primeiros versos também identificam uma proposição da filosofia Zen. Somos eternamente aprendizes. Estamos diariamente aprendendo e praticando.

---

41. GÓES, Fred. Op. cit., p. 49.
42. *Ibidem*, p. 45.

Os dois versos seguintes falam tenuemente na plena atenção, no sentido de estarmos atentos ao que cantamos, como andamos, aonde vamos, o que falamos, qual o motivo do nosso silêncio e de quem gostamos. Sugere o dia-a-dia da vida e a recomendação budista de que todas as nossas atividades devem ser realizadas com plena consciência.

O "tanta coisa" do sexto verso lembra que, durante a meditação, quando começamos a enumerar os fatos, os casos, os sentimentos constatamos que são realmente muitos assuntos, muitos os objetos da meditação, entendendo-se por objetos de meditação quaisquer pensamentos, emoções, sentimentos, fatos, ou seja, absolutamente tudo serve como motivo para meditação, por isso a afirmação que vimos no início de que "nada, absolutamente nada, está fora do caminho". Esse "tanta coisa" evidencia também a nossa pequenez ante a enxurrada de pensamentos. E essa enxurrada de proporções gigantescas é a vida.

E apesar de tudo isso, continuamos sozinhos, somos sozinhos, estamos sozinhos na caminhada, ou seja, outros estão ao nosso lado, mas ninguém pode realizar por nós o que temos de fazer.

O nó no peito é a dor metafísica, o sofrimento que tratamos em outra parte. Quanto a esconder esse sentimento é próprio do homem comum que tem dificuldade para encarar os seus problemas, as suas dificuldades, os seus obstáculos.

Os versos 12 e 13 especificam que esse problema está em uma gaveta incógnita, no fundo do nosso ser, é uma questão só nossa, de cada um. "O problema é só da gente" identifica uma tomada de consciência. Nós somos os responsáveis por tudo o que nos acontece. Temos a tendência de colocar a culpa no outro, de transferir a origem do problema, mas ao comprendermos, ao vivenciarmos essa atitude, verificaremos a questão do carma. Somos os senhores do nosso destino, só nós podemos mexer em nossas vidas, e assim o fazemos, para melhor ou para pior. A mente, o coração, com base no Budismo, indicam o melhor; entretanto, nem sempre, pelos mais diversos condicionamentos: sociais, emocionais, econômicos, políticos estamos prontos para seguir o melhor. Por isso, com freqüência resvalamos e aí surge a dor existencial.

O verso 14 é bem claro quando diz que o coração, órgão máximo do sentimento, das emoções, deve dizer não. Trata-se do coração não apenas físico, mas do coração mental, visto que em antigos tratados zen a mente e o coração eram sinônimos. O coração do poeta precisa dizer não para se defender da enxurrada que nos invade, nos arrasta como se fosse uma enchente, e de fato é, enchente de pensamentos, de angústias que tenta nos levar de roldão, ao sabor da correnteza dos acontecimentos. Dizer não é uma forma de defesa, nem sempre temos a coragem suficiente para dizer não. Muitas vezes sabemos que tal resposta é necessária, mas outros motivos interiores e exteriores nos impedem de dizer não, por isso o verso seguinte. Já que não conseguimos dizer não ocorre o problema, começa a divisão, a dubiedade, a duplicidade, a doença.

O verso 15 fala da desatenção, da dispersão, uma questão muito importante no Zen. Quando estamos divididos, ficamos com a mente confusa e não sabemos se tomamos esta ou aquela atitude, temos dificuldade em responder, liberamos uma parte e ocultamos outra, essa divisão, essa dicotomia tem uma implicação psicológica muito grande. Caso não resolvamos a dúvida, a seguir este ou aquele caminho, a fazer isto ou aquilo, a responder sim ou não, continuaremos imersos no problema, na dificuldade. Por esse motivo, o tempo todo, o Zen, o Budismo fala em união, em comunhão, em não-dois, em um. Porque, como bem diz o poeta Gil, essa divisão "tenta nos levar para a casa do sofrer".

A bem da verdade, ninguém quer sofrer. Sabe-se que sofrer não é bom, é angustiante, é doloroso.

4.4 — Bons tempos da contracultura

Barato Total

Gilberto Gil

1   Quando a gente tá contente
     Tanto faz o quente,
     Tanto faz o frio.
     Tanto faz

5   Que eu me esqueça do meu compromisso
     Com isso e aquilo
     Que aconteceu dez minutos atrás,
     Dez minutos atrás de uma idéia
     Já dão pra uma teia de aranha

10   Crescer e prender
     Sua vida na cadeia do pensamento,
     Que de um momento pro outro
     Começa a doer.
     Quando a gente tá contente

15   Gente é gente,
       Gato é gato
       Barata pode ser um barato total,
       Tudo que você fizer
       Deve fazer bem,
       Nada que você comer
20   Deve fazer mal.
       Quando a gente está contente,
       Nem pensar que está contente,
       Nem pensar que está contente.
       A gente quer
25   Nem pensar, a gente quer,
       A gente quer, a gente quer,
       A gente quer é viver.[43]

© *Copyright by **Gege Edições Musicais Ltda.** (**Brasil e América do Sul**) **Preta Music (Resto do Mundo)** — Av. Almirante Barroso, 97 — Sala 1205 Parte — Rio de Janeiro — Brasil. Todos os direitos reservados.*

Inicialmente, o título da canção lembra uma expressão muito comum na época, uma gíria para indicar algo bom, agradável em detrimento do aspecto do inseto barata, que nada tem de satisfatório.

Certamente, o termo é oriundo do conjunto inglês The Beatles, que marcou toda uma geração e influiu decisivamente na mudança de comportamento em todo o mundo.

Nos anos 50 surge, nos EUA, influenciada pelo Zen, a *beat generation*, os papas desse movimento que estudam as obras de Suzuki; tanto assim que Alan Watts, um dos teóricos da chamada contracultura, na época, escreve um ensaio muito significativo *Beat zen, square zen and zen*, que foi publicado pela primeira vez em 1958, no número de verão da *The Chicago Review*. Nesse antológico artigo, ele fala do Zen praticado pela geração *beatnik* e seus modismos, a seguir tece comentários a respeito do Zen "quadrado" ou, na gíria da época, "careta", isto é, o Zen conservador, institucionalizado, no sentido de pessoas que tentam prender o Zen em alguma fórmula,

---

43. *Ibidem*, p. 50.

em uma forma, em uma fôrma. Por fim, Watts nos fala do Zen propriamente dito, isto é, o Zen puro em sua essência, que é a proposta de Suzuki e não se trata de um modismo ou então algo orientalizante, alienante.

Começa Gil sugerindo uma perspectiva de vida budista (v. 1), um princípio, uma atitude para estarmos sempre alegres, contentes: "Quando a gente tá contente". De acordo com os textos canônicos, alegria é um dos sete fatores da iluminação e nos indica que devemos ter essa postura de viver. Milarepa, o principal santo do Budismo tibetano e também poeta, afirma: "Nada é desagradável, tudo é confortável".[44]

À primeira vista poderá parecer que essa atitude reveste-se de comodismo, já que há muita injustiça no mundo, mas é fruto da imperfeição humana e suas instituições. Quando temos essa postura de renúncia espiritual, tudo é bom. É um processo dialético. É também um exemplo das modernas técnicas de programação neurolingüística. Falar constantemente na injustiça, na maldade humana, é como se a estivéssemos fortalecendo.

O contrário é verdadeiro, quando a pessoa se identifica com o lado bom de todas as coisas, o lado saudável, mais e mais, por um processo de afinidade, já que os semelhantes se atraem, o praticante tem outros olhos para refletir a respeito das coisas que estão no mundo e, portanto, fazem o mundo. A questão aqui abordada não é mero item moralista, mas sim uma forma budista de ver o mundo, de enxergá-lo.

Por isso, o poeta Gil esclarece (v. 2 e 3) que "tanto faz o quente/ Tanto faz o frio". No quarto verso ele vai mais além e diz "Tanto faz", ou seja, é um estado zen de compreensão. O tanto faz está longe da dicotomia, da divisão, e, por outro lado, está muito perto para transformar e compreender essa realidade.

A seguir o poeta vai discorrendo acerca do eterno presente, o momento único, lembra a afirmação do próprio Sidarta Gotama, o Buda:

> "Não corras atrás do passado,
> Não busques o futuro.
> O passado passou
> O futuro ainda não chegou.
> Vê, claramente, diante de ti, o Agora,

---

44. EVANS-WENTZ, W. Y. *Milarepa: história de um yogi tibetano*. São Paulo: Pensamento, 1994, p. XI.

quando tiveres encontrado
e viveres o tranqüilo e imóvel
estado mental".[45]

Isso quer dizer: o que passou há um segundo já é passado e, portanto, devemos ter essa compreensão. Conforme o pensamento budista, o presente constitui-se de tramas do passado, somos hoje o que tecemos ontem. Seremos amanhã o que tecermos hoje, daí a referência à teia de aranha (v. 9), pois nos dez minutos referidos uma vida nasce, outra acaba, na eterna sucessão da existência.

Existência essa que se manifesta como "crescer e prender" (v. 10), ou seja, são os apegos de que fala o Budismo, apegos que vamos adquirindo na medida em que vamos crescendo, fiando, tecendo e, assim, essa mesma existência fica como que presa à cadeia dos pensamentos, dos condicionamentos. É outra forma de falar da meditação budista que nos alerta para observarmos os pensamentos, os sentimentos, e as emoções que tecem uma teia, uma cadeia, e pela meditação nos libertamos, caso contrário, é o que acontece como está descrito nos versos 12 e 13: de um momento para o outro começa a doer. Ou seja, é a dor de que já falamos, a dor sobre a qual o Budismo se debruça e tenta compreender, e erradicar.

A segunda estrofe repete o primeiro verso, que é a proposta de estar sempre contente, sempre alegre. Ao ter essa vivência, começamos a entender o ser humano. A referência ao inseto (v. 16), de que se tem, normalmente, um asco, uma rejeição à barata, e a frase indicam que essa sensação desagradável pode ser transformada em algo bom, daí a gíria "barato total"; aliás, é próprio do Budismo transformar situações desfavoráveis em favoráveis.

E, partindo-se dessa nova forma de ver o mundo, de mudar as dificuldades em possibilidades, o poeta dá outra lição de Budismo, quando afirma que tudo o que a pessoa fizer deve fazer bem (v. 17 e 18). É no sentido de fazer as coisas bem feitas, terminadas, prontas, acabadas. Continuando nesse ritmo, a questão da felicidade, da alegria, vai até a alimentação. É também uma referência à macrobiótica, período de introdução no país da alimentação natural e a proposta de

---

45. MANGALO, Bhikkhu. *Manual para a prática da meditação*. Rio de Janeiro: Sociedade Budista do Brasil, 1970, p. 23.

que tudo o que entra na boca seja de bom proveito. Nada deve fazer mal e, para isso, tudo deve estar isento de aditivos químicos. Novamente na linha 21 ele aborda o tema da meditação zen. Quando a pessoa está feliz e consciente de sua felicidade nem precisa se dar conta da felicidade, é só viver o que está sentindo. Gil vai assim, nesse ritmo, até o fim da poesia, como se fosse um mantra, mas ao mesmo tempo há indícios das indecisões que carreiam a existência humana. E, finalmente, decreta: a gente quer é viver. No sentido de que as pessoas buscam a plenitude de todas as alegrias da vida.

4.5 — Retiros e treinamentos

Retiros Espirituais

Gilberto Gil

1 Nos meus retiros espirituais
   Descubro certas coisas tão normais
   Como estar defronte de uma coisa e ficar
   Horas a fio com ela

5 Bárbara, bela, tela de tevê
   Você há de achar gozado, Barbarella
   Dita assim dessa maneira,
   Brincadeira sem nexo,
   Que gente maluca gosta de fazer

10 Eu diria mais, tudo não passa
   Dos espirituais sinais iniciais desta canção
   Retirar tudo o que eu disse,
   Reticenciar que eu juro,
   Censurar ninguém se atreve

15 É tão bom sonhar contigo,
   Ó luar tão cândido...
   Nos meus retiros espirituais
   Descubro certas coisas anormais
   Como alguns instantes vacilantes e só,

20 Só com você e comigo,
   Pouco, faltando, devendo, chegar,
   Um momento novo, vento devastando com um sonho

Sobre a destruição de tudo,
Que gente maluca gosta de sonhar,
25 Eu diria, sonhar com você jaz
Nos espirituais sinais iniciais desta canção
Retirar tudo o que eu disse,
Reticenciar que eu juro,
Censurar ninguém se atreve,
30 É tão bom sonhar contigo,
Ó luar tão cândido
Nos meus retiros espirituais
Descubro certas coisas tão banais
Como ter problemas ser o mesmo que não
35 Resolver tê-los e ter,
Resolver ignorá-los é ter...
Você há de achar gozado ter que resolver
De ambos os lados de minha equação,
Que gente maluca tem que resolver.
40 Eu diria, o problema se reduz aos espirituais
Sinais iniciais desta canção.
Retirar tudo o que eu disse,
Reticenciar que eu juro,
Censurar ninguém se atreve,
45 É tão bom sonhar contigo,
Ó luar tão cândido... .[46]

© *Copyright by* **Gege Edições Musicais Ltda. (Brasil e América do Sul) Preta Music (Resto do Mundo)** — *Av. Almirante Barroso, 97 — Sala 1205 Parte — Rio de Janeiro — Brasil. Todos os direitos reservados.*

Vamos ver o que nos diz, inicialmente, Fred Góes, em seu já citado livro *Literatura comentada*:

> "É através de uma construção caleidoscópica do texto que Gil demonstra o seu processo de interiorização. O autor revela que suas experiências espirituais são dificilmente traduzíveis em palavras. Há no texto o aproveitamento de três

---
46. GÓES, Fred. Op. cit. p. 51.

versos da versão *Banho de lua*, consagrada na voz de Cely Campello, no final dos anos 50. É com os versos "Censurar ninguém se atreve/ É tão bom sonhar contigo/ Ó luar tão cândido" que o autor resolveu o impasse entre o espiritual e a elaboração intelectual".[47]

O poeta fala aqui em um dos pontos importantes da meditação budista que são os retiros espirituais, só que, de forma original, associa o seu processo de vasculhar o interior a uma crítica contundente ao fascínio que a televisão exerce sobre as pessoas.

O primeiro e o segundo versos são bem explícitos com relação ao Zen. A proposta é esta mesma: descobrir coisas banais, simples. Ocorre que, devido à tradicional dispersão, com o acúmulo de coisas para fazer, a pessoa não dá conta das tarefas do dia-a-dia, e, por conseguinte, muita energia, muita coisa boa, é perdida. A prática vai nos levar a perceber pequenos detalhes de que até então não tínhamos consciência.

Muitos pensam que o Zen, o *insight*, é algo misterioso, mágico, mirabolante. Contudo, quando iniciamos o Caminho e principalmente depois de um bom tempo de vivência, vemos que meditação é ter consciência do cotidiano, ter atenção naquilo que somos, naquilo que pensamos, naquilo que fazemos.

Os versos 3 e 4 aprofundam essa consciência e nos remetem à prática do Zen, o chamado *zazen*, ou seja, Zen sentado, visto que o prefixo *za* quer dizer sentado. Há um treinamento em que o praticante senta-se tranqüilamente com os olhos semicerrados virado para uma parede e assim fica muito tempo observando a respiração, os pensamentos, as emoções, as sensações.

Devido a essa simplicidade, pode-se questionar: para que serve a meditação? Visto que fazemos isso todos os dias, onde está a novidade? Ou seja, respiramos, temos as emoções, as sensações, a avalanche de pensamentos. Contudo, de acordo com o Zen, fazemos isso mecanicamente, como se fôssemos autômatos, robôs e, assim, deixamos escapar uma série de momentos importantes, percepções advindas desses instantes que são vários e, por isso mesmo, eternos.

Retiro espiritual é uma forma de autoconhecimento, é uma prática, um treinamento muito comum no Zen. É um período intensivo

---

47. *Ibidem*, p. 51.

de estudo, reflexão, um encontro consigo mesmo. Note-se que na correria da vida sempre evitamos esse contato, esse encontro, esse autoconhecimento. Preferimos ficar imersos no burburinho, o que é uma forma inconsciente de fuga. Temos medo do silêncio, da solidão, arranjamos desculpas, álibis. Mas, em um retiro, tudo isso e muito mais vêm à tona. Ou seja, o que está preso no inconsciente, lá no fundo, sobe, aflora e mostra-se-nos para analisarmos, tirando-se então as conclusões necessárias para resolver o grande *koan*, o grande enigma que é a vida.

Esse poema fala da meditação em si (v. 4). Geralmente, em um retiro espiritual, ficamos horas praticando-a, com a nossa mente, com a nossa essência, com a nossa plena atenção, com a nossa consciência, com a nossa vida.

A originalidade do verso 5 é que nele, aparentemente destoando dos primeiros versos, há uma quebra, um desvio, e o leitor-ouvinte constata que aqui subjaz uma vigorosa crítica à televisão. É como se as pessoas fizessem retiros diariamente em frente à tela de tevê. E de fato fazem, não retiros espirituais, mas retiros visuais, virtuais. Perdem horas de suas vidas, mergulham na beleza dos múltiplos recursos técnicos, tecnológicos. É também uma alusão ao filme *Barbarella* que, naquele tempo dos anos de 1970, andou encantando platéias em todo o mundo, devido ao futurismo erótico que soava um pouco ousado.

Temos uma referência explícita à televisão nos versos 6 a 9, uma brincadeira sem nexo que prende, encanta/desencanta. Mas o verso 9 é outra lembrança de um jargão intelectual que se dizia naquele período: "máquina de fazer doido".

Do verso 10 ao 12, o poeta esclarece, por meio de atraente rima no meio da frase "espirituais sinais iniciais", que, além da crítica ao desenfreado fascínio da tevê, sua canção também era uma crítica ao então sistema vigente. Era a época do regime militar, da censura prévia e, quando a ditadura bem entendia, fazia os cortes que desejava em qualquer manifestação artística, por isso o poeta até pode "retirar tudo o que disse", reticenciar, tornar tudo mais ameno. Portanto, ninguém se atreve a censurar algo tão oculto, tão metafórico.

Por outro lado, como já vimos, esse trecho é uma reposição dos versos de Cely Campello, a musa dos anos 50 da MPB. "É tão bom sonhar contigo" soa como uma crítica às massas que sonham com a tevê, com o mundo das telenovelas e também é uma forma de sonhar com a democracia que inexistia na época, era apenas um sonho.

Esta canção está dividida em três partes: do verso 1 ao 16; do 17 ao 31 e do 32 ao 46. Ainda que próximas, parecidas, cada uma identifica um tempo, um aspecto, um momento. O primeiro já visto é o poder da televisão; o segundo fala dos retiros espirituais, da pessoa consigo mesma, que é o momento novo; e o terceiro fala de aspectos vivenciais a partir do retiro, da tomada de consciência: como ter ou não problemas é só uma questão de consciência.

Iniciando a segunda parte, o poeta afirma que as coisas que ele descobre são anormais: em visível contraposição ao verso 2, o verso 18 acentua que as compreensões, os *insights* muitas vezes soam como algo anormal. Fazendo uma auto-análise, ele vê que algumas vezes é vacilante e pronto; quebra o mito de que o homem deve ser firme, forte, não deve chorar.

"Só com você e comigo" (v. 20) pode dirigir-se em uma primeira leitura ao poeta e à amada, mas também pode indicar uma situação interior criada pelo "retiro". Seria o poeta e o seu *alter ego*, o poeta e a sua mente, o consciente e o inconsciente. E como ele está próximo a alguma compreensão importante explica que falta pouco para chegar à intuição (v. 21). A vivência do momento deve chegar ao *insight* e esse instante precioso gera um momento novo; daí a alusão ao vento que devasta o sonho, a irrealidade.

A "destruição de tudo" (v. 23) é a destruição do velho e a chegada de uma visão nova das coisas, por outro lado, "chorando" (v. 24 e 25), pois, de certa maneira, o fenômeno televisivo destrói os sonhos interiores. As cidades grandes ditam as modas, os consumos, o campo obedece e o que vemos hoje é o fim da regionalização e o fenômeno da globalização.

Com o fim do sonho, da destruição, essa perda pode levar à loucura, à alienação; daí a referência no item 24, mas o poeta releva um pouco essa tensão e diz que "sonhar com você jaz", ou seja, o sonho reside nos retiros espirituais que contrabalançam a dura realidade.

A seguir, o refrão de Cely Campello. A terceira parte, logo no verso 23, é profundamente zen. Como já dissemos, as grandes descobertas da meditação budista são simples. Aqui a percepção do poeta é muito importante, pois ele afirma algo que as pessoas descobrem com a prática: "ter problemas é o mesmo que não", explicitando melhor; ter problemas é o mesmo que não tê-los; é o mesmo que não possuir nada.

Isso é um estágio da consciência. Se a pessoa quiser ver o cotidiano como um problema, terá inúmeros problemas pela frente. Caso contrário, com uma atitude que o Buda chamava de *pensamento correto*, é só compreender e vivenciar esse fato. Mesmo passando por dificuldades, não teremos dificuldade alguma em enfrentá-las e superá-las.

É o que a psicologia contemporânea chama de neurolingüística. E no verso 35 o poeta diz: "Resolver tê-los é ter", ou seja, quando a pessoa se predispõe a alguma coisa, essa alguma coisa acontecerá devido à atração e ao poder da mente. A recíproca a essa assertiva também é verdade: "resolver ignorá-los é ter" (v. 36). Sim, porque isso sugere uma situação de apego, e o Budismo afirma que uma pessoa pode ter uma coisa, um objeto, uma pessoa, uma situação tanto pela presença como pela ausência.

Por fim, encerrando a canção, o poeta nos diz de ambos os lados da equação, o ter e o não-ter; o ser e o não-ser. Ora, o Zen sempre fala nas duas faces da moeda; logo, cada equação, cada problema, cada enigma da vida, tem pelo menos dois lados. E, nos versos finais, como se fosse um mantra, fecha o círculo.

4.6 — Reflexão no dia-a-dia

Meditação

Gilberto Gil

1   Dentro de si mesmo,
    Mesmo que lá fora
    Fora de si mesmo
    Mesmo que distante,

5   E assim por diante,
    De si mesmo, *ad infinitum*
    Tudo de si mesmo,
    Mesmo que pra nada,
    Nada pra si mesmo,

10   Mesmo porque tudo
    Sempre acaba sendo
    O que era de se esperar.[48]

© *Copyright by* **Gege Edições Musicais Ltda.** *(Brasil e América do Sul)*
Preta Music (Resto do Mundo) — *Av. Almirante Barroso, 97 — Sala 1205 Parte — Rio de Janeiro — Brasil. Todos os direitos reservados.*

O nome dessa poesia já diz tudo. Em geral as letras de Gil são longas, reflexivas e essa tem apenas 12 versos; pequena na forma, grande no conteúdo, no significado. Tradicionalmente, o Zen afirma que nem sempre meditações muito longas são fundamentais; às vezes é justamente o contrário. O essencial é dito/vivido em poucas palavras. Visto que cada palavra tem profundidade, daí o pouco se torna muito. E quando há muita palavra, muito texto, nem sempre há o que dizer.

O primeiro verso nos diz da prática da meditação. É que tudo começa dentro de si mesmo. Tudo nasce na mente. Como dizia o próprio Buda, tudo é formado primeiro no mental; depois se concretiza no mundo exterior. Indica também que a solução dos nossos problemas está no interior, começa "dentro de si mesmo".

Entretanto, o segundo verso explica do que fala a meditação budista; que o interior é o exterior e vice-versa. Não é preciso, não é necessário dicotomizar, na divisão está a doença, o dualismo, a enfermidade, e quanto mais uma pessoa vê o mundo de forma dual, dupla, mais se divide e, assim, tem dificuldade para compreender os processos da mente que são, na verdade, os do mundo.

O terceiro verso "fora de si mesmo" é uma indicação de que a meditação nos leva a compreender a atemporalidade implícita no verso 4. Nessa poesia, Gil fala da questão do tempo e do espaço. Compreendemos que os dois não existem, são simplesmente temas condicionantes, condicionados pelo homem e suas relações geográficas, sociais, culturais, econômicas, políticas, artísticas, literárias.

"Mesmo que distante" (v. 4) é, como já dissemos, além da atemporalidade, a explicação Zen: o que está fora está dentro e o que está dentro está fora, em um eterno vice-versa. É disso que o Budismo nos fala; não separar, não dicotomizar. Não é só a rima ou a métrica que se torna bonita, no verso 5, mas a indicação de que esse é um processo contínuo que está diante, adiante, na frente de todos nós.

---
48. *Ibidem*, p. 52.

Como nos informa o verso 6, esse processo, essa descoberta, é de si mesmo até o infinito, é do interior até o mais longe possível e/ou impossível. O verso 7 é outro aspecto zen. O tudo de si mesmo é a entrega total que devemos fazer. A renúncia, o desapego. "Mesmo que pra nada" (v. 8) é uma indicação de que não há problemas em nada, em coisa alguma.

A reflexão sempre serve para alguma coisa, traz algum ganho, é um benefício. Entretanto, mesmo que não sirva para nada ou coisa alguma, não se perde, não houve prejuízo; logo, é sempre um ganho.

Outro aforismo budista é "nada pra si mesmo" (v. 9). É a conhecida prática da caridade, da entrega total, como já dissemos. Esses versos finais sugerem trocadilho, quebra-cabeça, jogo de palavras. Os versos 10 e 11 desembocam no verso 12 afirmando e informando que nós somos aquilo que pensamos "o que era de se esperar" é porque já estava previsível pela meditação. Como uma antevisão, uma premonição.

Continuemos garimpando preciosidades zen na poética de Gil. Convém lembrar que, em tempos idos, Sidarta Gotama, o Buda, deixou uma série de sutras, de textos canônicos por seus discípulos mais diretos. Com o passar dos séculos e milênios, outros patriarcas do Budismo também deixaram textos importantes para o estudo e a reflexão, mas uma das belezas do Budismo e, portanto, do Zen, da meditação, é que, como dissemos no início, a transmissão do Zen está além das escrituras, não se prende, exclusivamente, aos textos canônicos, pode ser estudada e praticada por outros meios, e o que estamos vendo no presente estudo é que, mediante as letras de um compositor brasileiro, podemos estudar o Zen, praticar o Budismo. Respeitando-se as proporções é como se fossem, tais poesias, novos sutras, sutras contemporâneos. Lembremos que originalmente os sutras eram rimados para facilitar que os discípulos gravassem melhor a mensagem, o ensinamento.

A palavra "meditação" tem uma variedade infinita de associações. Pode-se pensar algo a respeito de alguma coisa, pessoa, fato ou situação; pode refletir um aspecto de um determinando caso, às vezes ocorre no sentido de tomar uma posição, uma atitude ante um problema e também significa um exercício mental, um treinamento do cérebro que vai nos levar a um determinado objetivo.

O Budismo divide a meditação em duas partes, dois grandes ramos que se subdividem em diversas aplicações: meditação de tranqüilidade e de sabedoria, essa última é a plena atenção. As duas são importantes, em alguns casos acontecem paralelas ou quase que simultaneamente. Uma leva à outra.

Mas o que vemos nesta poesia de Gil é que ele nos fala de um jeito de ser no mundo, um modo de ficar/estar/ser/permanecer. O verbo de ligação aqui é a ligação que o zen fala com todas as coisas do Universo, sem separação.

4.7 — Importante é o momento

Aqui e Agora

Gilberto Gil

1   O melhor lugar do mundo é aqui e agora
     Aqui, onde indefinido,
     Agora, que é quase quando
     Quando ser leve ou pesado

5   Deixa de fazer sentido.
     Aqui, de onde o olho mira,
     Agora, que o ouvido escuta
     O tempo, que a voz não fala,
     Mas que o coração tributa.

10   O melhor lugar do mundo é aqui e agora.
     Aqui, onde a cor é clara
     Agora que é tudo escuro,
     Viver em Guadalajara
     Dentro de um figo maduro.

15   Aqui, longe, em Nova Delhi
     Agora, sete, oito ou nove
     Sentir é questão de pele
     Amor é tudo que move.
     O melhor lugar do mundo é aqui e agora

20   Aqui perto passa um rio
     Agora eu vi um lagarto,
     Morrer deve ser tão frio
     Quanto na hora do parto.
     Aqui, fora de perigo

25   Agora, dentro de instantes
Depois de tudo que eu digo
Muito embora, muito antes.[49]

© *Copyright by **Gege Edições Musicais Ltda**. (Brasil e América do Sul)*
Preta Music (Resto do Mundo) — *Av. Almirante Barroso, 97 — Sala 1205
Parte — Rio de Janeiro — Brasil. Todos os direitos reservados.*

No já citado *Literatura comentada*, Fred Góes nos diz acerca desta canção:

> "Em um fluxo caótico de idéias, desfilam pelo texto imagens diversas que compõem um determinado momento. Em uma elaboração surrealista, rompem-se categorias como espaço e tempo e a consistência do eu".[50]

Inicialmente vemos uma série de pares opositivos, só que, mais adiante, como é próprio desse estilo musical de Gil, nessa fase de sua vida, os pares opositivos se complementam e deixam de ser opostos para se tornarem complementares.

O Budismo enfatiza muito a questão do aqui e agora. Todo o tempo à meditação é voltado para o eterno presente, a plena atenção recomenda a consciência do momento, o instante que é sagrado e traz uma percepção única. Essa música é um exercício visando à autodescoberta. O primeiro verso vale por um sutra, em si: "o melhor lugar do mundo é aqui e agora".

Há um princípio no Zen que diz: "veja todos os lugares como se fossem o nirvana", ora, logicamente, onde a pessoa está, o Buda também está com ele(a) e, portanto, os dois estarão/estão no nirvana, no paraíso, no céu. Quando a pessoa tem essa consciência deixa de existir a diferença, a ambigüidade entre céu e terra, tudo é uma coisa só, uma questão de ponto de vista. Desse modo, o reino dos céus, o reino da alegria, o reino da felicidade está/estará sempre no aqui e agora, mais precisamente, está no presente.

A beleza das letras de Gil é que podemos, por sua poética, ter uma visão teológica do que ele canta. A esse respeito convém lembrar as palavras do padre jesuíta Antonio Manzatto, em seu recente *Teologia e literatura*:

---

49. *Ibidem*, p. 53.
50. *Ibidem*, p. 54.

"A teologia é a ciência da fé (...) o critério que determina a pertinência e importância teológica de uma obra não é a presença de palavras como Deus ou Igreja (...) mas sim a amplidão e a profundidade com a qual a problemática humana é abordada (...) qualquer obra literária, porque representa uma experiência humana, pode então ser usada teologicamente (...)".[51]

É por meio de letras como as que estamos estudando que podemos ver a dimensão teológica da poética de Gilberto Gil. Em tempos idos, tratava-se de separar, entre outras coisas, por exemplo, literatura e religião. Em tempos interdisciplinares, as duas são perfeitamente cabíveis. Ainda mais em um país como o Brasil. É impossível não constatar, verificar a face religiosa de nossa cultura, de nosso povo. Nos idos tempos citados, que podemos situar nos anos 60 e 70, quando a oposição ao então regime militar caracterizava religião como alienação, fuga da realidade. Gilberto Gil foi o primeiro cantor, compositor e, em nosso caso, poeta a perceber, a compreender essa religiosidade do brasileiro que, de forma nenhuma, pode ser enquadrada ou rotulada como fuga, alienação, faz parte do nosso viver.

No item "Poesia e mística", no referido livro do padre Manzatto, lemos:

"A literatura não é apenas o romance. Existem outros gêneros literários que podem interessar diferentemente à teologia. Tome-se aqui o exemplo da poesia e de sua aplicação aos domínios da mística, da oração, da contemplação (...).

O discurso da linguagem racional, do conceito claro e distinto, não é a única forma de linguagem; a linguagem não existe apenas para transmitir saber. A linguagem do poema, linguagem do paradoxo, pode servir melhor para comunicar a experiência mística da fé. Mesmo porque a poesia não existe para explicar mas para comunicar, e nesse sentido ela pode melhor servir à mística.

A poesia é a forma adequada da linguagem para falar do mistério e da experiência religiosa, exatamente por seu uso de metáforas (...) a linguagem da poesia, nesse caso, pode

---
51. MANZATTO, Antonio. *Teologia e literatura*. São Paulo: Loyola, 1994, p. 38.

mais facilmente conseguir pôr os homens em contato com o transcendente, pela contemplação. Poesia e mística estão próximas, e a poesia revela o religioso, mesmo que sua linguagem não seja religiosa.

A poesia, continuando a ser poesia, pode revelar uma mística impossível de ser exprimida de outra forma em toda sua riqueza. Ela diz através dos seus símbolos o que é inexprimível; o símbolo assim não é um véu que esconde o mistério, mas sim a forma de exprimi-lo. Por isso a poesia pode favorecer a mística e ajudar na comunicação da experiência espiritual, que não se transmite através de conceitos".[52]

Feita essa ressalva, é bom esclarecer que vemos este potencial em Gilberto Gil, uma força mística, espiritual, religiosa presente em seus poemas do período que estamos analisando. Fica bem evidente também o seu estilo ecumênico, eclético. Tendo estudado em colégio de rígida formação com os padres marianos, não deixou de manter a sua componente afro-brasileira, um pouco de Candomblé, um pouco de Umbanda e, nos anos 70, como estamos vendo, sua fase oriental, zen-budista.

Voltemos à canção de Gil. No segundo verso, o poeta fala que o local é indefinido porque é todo e qualquer local. O nirvana se movimenta à medida que nos movimentamos. Não importa o lugar, importa é o "estado", a consciência de que "o melhor lugar do mundo" é onde estamos.

Aqui é o espaço. Agora é o tempo e o autor brinca com as palavras (v. 3) sugerindo uma continuidade, quase quando, quase uma pergunta, quase uma resposta, quase o tempo todo e é *quase* porque em geral não temos essa consciência da plena atenção. Só de vez em quando, muito raramente, ficamos atentos, de quando em vez ficamos conscientes de como somos. No verso 4, continuando esse ritmo, vemos o par opositivo leve/pesado completando-se no verso 5, ou seja, a dualidade deixa de fazer sentido. Só interessa o "um".

Se estamos no aqui e agora, qualquer conceito, qualquer préconceito deixa de fazer sentido. Não se trata de indiferença. A questão

---

52. *Ibidem*, op. cit., p. 77.

que o verso 3 sugere não é só o aspecto físico, quando muitos estão pré-ocupados: quem está muito magro quer engordar; quem é gordo quer emagrecer, emagre-ser. Tem também o sentido, a direção, a dimensão psicológica de ser leve ou pesado, suave ou carregado. Leve, vazio, solto, isento de problemas. Em contrapartida, pesado, cheio de problemas, de dificuldades.

E o verso 5 afirma que tudo isso deixa de fazer sentido, porque no Zen a pessoa compreende que esses aspectos exteriores ou interiores condicionantes só levam a mais apego e, portanto, ao sofrimento.

Nos versos 6 a 9 o poeta nos conta dos sentidos, visão, audição, fala e sensação. Os três primeiros são físicos, o quarto é o coração, é um sentimento, mas todos esses "nós" trabalham durante a meditação. Cada um dos cinco sentidos tradicionais nos provoca uma série de sensações, sentimentos, reflexões. A proposta do Zen não é reprimi-los, mas observá-los e, assim, mediante o treinamento mental, analisá-los para onde quisermos, de preferência no sentido de resolver problemas, obstáculos, dificuldades.

Os versos 11 e 12 prosseguem a opositividade/unidade claro/escuro. Observe-se que o Zen não é excludente. Se um existe é porque o outro também existe. Se existe o claro do dia é porque é importante o escuro da noite, um não vive sem o outro, compreender esse prisma é fundamental para entender toda a essência do Budismo.

Em uma primeira leitura, o verso 13 pode parecer que destoa do conjunto da obra; entretanto, é uma referência aos anos 70, quando, no México, onde fica a cidade de Guadalajara, estavam muitos exilados brasileiros, e foi também em Guadalajara, durante a Copa do Mundo de 1970, que o Brasil iniciou a campanha vitoriosa pelo Tricampeonato Mundial de Futebol. Este é fato muito significativo para a cultura nacional, quer queiramos quer não, quer admitamos ou não, futebol e religião, assim como samba e carnaval, são aspectos da cultura brasileira.

Portanto, nessa simples inserção de Gil, esse verso vem integrar toda proposta espiritual do poeta à realidade circundante. O verso 14 ajuda a equilibrar a rima maduro/escuro, mas é o prenúncio da ligação do autor com o naturalismo, em sua fase seguinte quando produziu canções como *Refazenda* que falava em abacateiro e outras frutas indicando, assim, a ligação de sua música com a natureza do país, o que não deixa de ser outro aspecto zen que recomenda simplicidade e uma volta aos padrões naturais de vida, certamente outra forma de romantismo.

Na medida em que o romantismo, enquanto estilo de época, o romantismo literário propugna uma volta à natureza, o Zen-Budismo que surge no século VI a.c. também é uma forma de romantismo, visto que recomenda uma volta aos padrões originais do ser humano, buscarmos a face primeira, isto é, sem os condicionamentos, isenta de rótulos. Enquanto o romantismo literário pode ser caracterizado como uma fuga da realidade, o "romantismo zen" é a procura daquilo que intuímos, que não vemos normalmente, mas sabemos que existe em nosso interior.

No verso 15 nós temos a citação do autor à capital indiana. É o tempo das viagens de mochileiros, caroneiros à Índia, a descoberta do Nepal como ponto de peregrinação da contracultura. O recurso do verso 16 é habilidade e licença poética do compositor para completar a rima, coisa que ele sempre faz, quando necessário, e a estrofe termina belamente (v. 17 e 18), o poeta falando da questão do sentir, dos sentimentos, da sensação, da compreensão, da vivência do que a pele revela e no último verso dessa estrofe a afirmativa de que "Amor é tudo que move". Esse é o princípio budista da mutabilidade de todas as coisas. Serve para contrapor o que o vulgo normalmente diz; que o "amor é eterno", ora, se de acordo com o Zen tudo é impermanente, então esse amor também muda. Sugere ainda outro princípio expresso por Galileu Galilei: "A condição natural dos corpos não é o repouso, mas o movimento".

Desde o século VI a.C. o Buda se pautou por esse princípio. Tudo está sempre em constante mutação; logo, quando Gil tem essa percepção e, poética e musicalmente, a coloca na letra que estamos analisando, está pronunciando um aforismo zen. Vejamos que o amor também se sente na pele, no tato, o prazer também é tocar, amar é sentir, é mover e mover-se.

O verso 20 lembra a imagem do rio de que falamos no início deste trabalho; de acordo com o Budismo, a vida é um rio e tudo está constantemente passando, fluindo. É importante compreender que não se entra duas vezes no mesmo rio, a água já não é a mesma. A nossa vida também. Desse modo, os problemas são outros, bem como as dificuldades; são parecidos, porém diferentes.

O verso 21 é novamente uma ligação com a mãe natureza, na estrofe de cima temos a flora, agora é a vez da fauna. Os dois últimos versos da presente estrofe interpenetram-se. Simbolicamente se fala no frio da morte porque, após o falecimento, o corpo torna-se frio, o sangue deixa de circular e a sensação gelada acontece. É outro treinamento budista. Os monges, os praticantes em períodos intensivos de retiro, exercitam-se no que se chama "meditação da morte". Leiamos a esse respeito o que nos diz Anagarika Govinda, formado em Filosofia pela Universidade de Friburg, Alemanha, na apresentação do clássico *Bardo Thodol — o livro tibetano dos mortos*:

"Conviria incluirmos a morte na vida diária, não como um desgosto de viver, mas como parte inseparável e necessária da vida. Para penetrar nesta esfera da experiência, não se trata de fazermos considerações mórbidas — que pertenceriam a um mundo muito diverso e serviriam a finalidades muito diferentes — mas de descermos ao fundo do núcleo do ser, onde encontramos a vida e a morte indissoluvelmente ligadas".[53]

O trecho acima é do prefácio da citada obra, considerada pelos estudiosos tão importante quanto os grandes clássicos da humanidade, ainda é Anagarika quem nos diz:

"Consideramos os ensinamentos do *Bardo Thodol* uma obra preciosa da literatura universal, tais como a Bíblia, o Corão, os Upanishads, o I Ching e o Tao Te King, bem como as peças de Shakespeare, de Goethe, a *Divina comédia* e as grandes obras da Renascença".[54]

Informa Anagarika que a tradutora do presente texto, do original tibetano para o alemão, é a especialista e professora de Tibetologia na Universidade de Munique, Eva K. Dargyay, e acrescenta que, no trabalho, contou com a colaboração de outro professor da Universidade de Viena, Guesche Lobsang Dargyay. Vemos assim que no Primeiro Mundo as universidades abrem as portas para o estudo e a pesquisa do Budismo. Minha sugestão é que a UFRJ e, mais particularmente, a Faculdade de Letras passem a abrigar cursos nessa área.

---

53. DARGYAY, Eva K. *Bardo-Thodol: o livro "tibetano dos mortos"*. Rio de Janeiro: Record, 1980, p. 19.
54. *Ibidem*, op. cit., p. 9.

Feito o esclarecimento, voltemos ao texto poético de Gil. Tanto o verso 22 como o 23 falam de frio, morte, separação e libertação. No Budismo a morte é vista como uma libertação dos problemas desta vida; a morte natural, isto é, a não-provocada, é encarada como uma coisa boa; daí que os praticantes observam o fato como uma transição, de uma dimensão para outra. Quanto à última linha dessa estrofe, a questão é que o Zen afirma que nós começamos a morrer assim que nascemos. Outro fato a considerar é que, de certa maneira, o feto está no interior, no ventre, em seu *habitat*, agasalhado; o nascimento, a separação física da mãe, o rompimento do cordão umbilical, são como se fossem uma morte; não deixam, portanto, de ser uma libertação. Libertou-se da condição de feto, das garras do cordão umbilical e agora está "livre" para iniciar uma vida nova. No mesmo efeito, quando morremos estamos prontos para iniciar nova caminhada. Alegoricamente estamos morrendo ao longo da existência, estamos morrendo para as coisas que passam: os pensamentos, as emoções, os sentimentos, e estamos nascendo, renascendo para o que está surgindo a cada instante.

O verso 24 fala do aqui, enquanto proteção contra os perigos; é que de acordo com os textos clássicos do Budismo a prática da meditação gera uma interessante autoconsciência e esta faz com que a pessoa, mais confiante, mais segura interna e externamente, tenha condições tranqüilas de enfrentar, com calma, qualquer perigo e resolvê-lo. O problema é que, em uma situação de dificuldade, normalmente a pessoa se desespera e, devido ao estado de dispersão, de medo e de angústia que o desespero provoca e perde o referencial, perde o pé no chão e procura fugir da realidade das mais diferentes formas.

O verso 25 fala do agora como um complemento, um aditivo a tudo quanto vimos estudando até aqui. O agora, quando acontece o Zen, a plena atenção, é tão grande, tão amplo, tão vasto, tão importante que ele se torna um agora contínuo, um agora sempre, um agora eterno; mas é bom entender esse agora sempre, esse agora eterno não como algo estático, parado, mas sim como algo dinâmico, refazendo-se a cada instante e já prenunciando a outra fase, Gil que é a época *re*: refazenda, refavela, realce, rebento, *refarm*, refestança.

Quando se vive no Zen consegue-se de forma espontânea, natural, inferir percepções que mais adiante se concretizam como se fossem premonições. E isso não é um fator sobrenatural, mas é porque pela meditação vai se chegando a um estado de consciência cósmica. A imagem que os textos canônicos usam é que essa consciência cósmica assemelha-se ao oceano. Todos os rios convergem para os oceanos e, se pensarmos bem, só existe um oceano, pois o Pacífico junta-se com o Atlântico, este com o Índico, aquele com a Oceania e, finalmente, com os pólos, tornando todas as águas uma coisa só. No caso dos rios pequenos, estes correm para os grandes, que, por sua vez, deságuam nos oceanos. Deste modo, estamos todos juntos, quer queiramos quer não, como diz o Zen-Budismo, somos, de fato, um.

Os versos 26 e 27, parecendo um *koan*, tentam contradizer o que até agora foi explicitado, mas o que vemos é que esse finalzinho mais parece um trecho do *Sutra do diamante*, do qual já falamos no começo deste trabalho; trata das contradições e isso vem confirmar, comprovar o Zen na poesia de Gil.

4.8 — O novo a cada instante

Prosseguindo a caminhada poética nos "textos" de Gilberto Gil, analisaremos uma letra que, sob todos os aspectos, é Budismo puro. Note-se que nos anos 70 ainda não se falava, com muita intensidade, em nova era. O movimento *New Age* surge nos EUA nos anos 80 como um grande conglomerado que junta música, esoterismo, orientalismo, medicinas alternativas, alimentação natural, psicoterapias breves e comportamentos novos. Claro, é um desdobramento da época do movimento *hippie* e, como vimos, teve origem na geração *beatnik*, e esta teve influência no Zen-Budismo que estava sendo divulgado na América por Daisetz Teitaro Suzuki. Eis a poesia:

Era Nova

Gilberto Gil

1   Falam tanto de uma nova era,
    Quase esquecem do eterno é.
    Só você poder me ouvir agora
    Já significa que dá pé.

5   Novo tempo sempre se inaugura
    A cada instante que você viver.
    O que foi já era
    E não há era,
    Por mais nova,

10   Que possa trazer de volta
      O tempo que você perdeu.
      Perdeu, não volta,
      Embora o mundo, o mundo, ah!
      Dê tanta volta,
15   Embora olhar o mundo
      Cause tanto medo
      Ou talvez tanta revolta.
      A verdade sempre está na hora
      Embora você pense que não é.
20   Como seu cabelo cresce agora
      Sem que você possa perceber
      Os cabelos da eternidade
      São mais longos que os tempos de agora,
      São mais longos que os tempos de outrora
25   São mais longos que os tempos da era nova,
      Da nova, nova, nova, nova, nova era
      Da era, era, era, era, era nova
      Da nova, nova, nova, nova, nova era
      Da era, era, era, era, era nova
30   Que sempre esteve e está pra nascer.[55]

© *Copyright by **Gege Edições Musicais Ltda.** (Brasil e América do Sul)*
***Preta Music** (Resto do Mundo)* — *Av. Almirante Barroso, 97 — Sala 1205
Parte — Rio de Janeiro — Brasil. Todos os direitos reservados.*

     Os dois primeiros versos completam-se de forma basilar. Naquela época começava-se, muito tenuemente, a falar, comentar algo acerca da Nova Era, que hoje está presente em múltiplas manifestações comerciais, artísticas, literárias, mas o poeta questiona, com toda sabedoria: "quase esquecem do eterno é". Esse eterno "é" é Deus, é Buda, é a Mente Única, a Consciência Cósmica, a Consciência Infinita, o Tao, ou o nome que nós quisermos dar, que nós julgarmos melhor, já que se trata de um "estado", um estado, mas que as religiões, em geral, por motivos de fácil entendimento e para que o grande público compreenda melhor, antropomorfizam este estado, dão a

---

55. GÓES, Fred. Op. cit., p. 57.

ele uma forma humana. Muita gente costuma definir Deus explicando que simplesmente Ele é; e Gil, poeticamente, resgata essa eterna presença, que para uns é mística e para outros não, mas ele resgata-a para o dia-a-dia, dando a entender que não devemos nos preocupar com essa proposta de nova era, visto que o momento é agora e o tempo todo estão surgindo fatos novos. O quarto verso "já significa que dá pé" não é só para completar a rima, mas sobretudo para indicar que, se o ouvinte da música ou o leitor da poesia irá compreender a proposta do compositor que é a de afirmar que a nova era é a cada instante, tudo é um processo e os versos 5 e 6 falam dessa compreensão budista.

Os versos 7 e 8 falam de uma gíria comum naquele tempo, a cujo respeito comenta Fred Góes:

> "Gil trabalha com a oposição presente *versus* passado durante todo o texto, valorizando o momento, o aqui e agora. A palavra *era* tanto pode ser entendida como substantivo, período de tempo, como forma verbal de imperfeito do indicativo".[56]

Além do trocadilho, do jogo de palavras, os versos 7 e 8 complementam-se até o 11. É mais um aviso, um alerta para a importância da plena atenção, do Zen, do aqui e do agora, da meditação, dessa tomada de consciência que nos coloca diante dos problemas, para que não os percamos de vista e não nos percamos de nós mesmos. Esse é o significado da admoestação poética de Gil quando afirma que nada, por mais novo que seja, vai nos trazer de volta a oportunidade que deixamos passar, que perdemos ou que o tempo levou e não traz mais de volta. Lembremos, novamente, da água do rio de Buda, na Índia, e de Heráclito, um dos filósofos pré-socráticos na Grécia antiga.

Muitas vezes perdemos grandes oportunidades por medos, condicionamentos e o que o poeta Gil nos lembra é novamente a dialética imagem budista de não nos apegarmos a nada, pois tudo passa rapidamente. O verso 12 ainda complementa "perdeu, não volta". Pode parecer duro, sofrido, doloroso, mas é assim mesmo, este é o ciclo da vida: perdeu, não volta mais; passou, já é outra coisa.

Continuando (v. 13 e 14), o poeta pondera que o mundo dá muitas voltas e com isso, isto é, com tantas mudanças e como as

---

56. *Ibidem*, op. cit., p. 54.

pessoas não estão preparadas para as transformações, acontece o medo (v. 16); medo por causa do novo, do incógnito, do desconhecido que ocorre a cada instante. Sempre estamos procurando as muletas, os apegos; mas se estivermos totalmente conscientes da vida contínua e de suas transmutações, não sentiremos medo. No verso 17, Gil afirma que, quando não é o sentimento de medo, é a revolta. Muitas vezes, quando a pessoa equivocada pensa que não pode lutar contra a realidade, contra o cotidiano opressor, ou ocorre o medo ou acontece a revolta. Esse sentimento de revolta era muito comum nos anos 1970 devido à repressão, à censura e à ditadura. Gil contestava poeticamente o regime, sua militância era musical e essa revolta se transmutou depois em sua já citada fase *re*. Não enfrentar diretamente o regime era uma forma de sabedoria, de discernimento. Muitos preferiam o afrontamento direto ao sistema, mas Gilberto Gil criativamente procurava as brechas, tal e qual o Budismo recomenda, ilustrando com a sabedoria da água que, ao encontrar um obstáculo, sem pressa tenta ultrapassá-lo.

O verso 18 reafirma o que o Zen sempre fala; a verdade é o aqui e o agora, é o momento. Algumas vezes, em algumas ocasiões, por distração, por dispersão e pela desatenção que a meditação "combate" e nos coloca de forma concentrada, pensamos que não está na hora de tomarmos a atitude certa. É como se não estivéssemos preparados para o eterno presente, ainda não estivéssemos suficientemente maduros, daí o verso 19.

Os versos 20 e 21 nos remetem a uma citação bíblica quando Jesus afirma que Deus sabe tudo o que se passa com a gente, até quando cai um fio de cabelo. Por outro lado, é uma observação de Gil, uma reflexão lembrando-nos de que não temos a correta atenção, a plena consciência de perceber que neste exato momento os nossos fios de cabelo estão crescendo. A meditação faz com que entremos nesse estado de total absorção, de união, de comunhão com o todo. Assim ficamos sabendo, conhecendo aspectos então impensados de nossa realidade, mas que existem.

O verso 21 tem ligações também com o 22 e indica que às vezes não percebemos as transmutações da eternidade; o crescimento dos cabelos aqui é alegórico: são as idéias, são as transformações. É o tempo dos cabeludos. Inspirados nos Beatles, nos *beatniks*, nos *hippies*, os homens dessa geração usavam cabelo grande. Era uma forma de rebeldia, de contestar o *status quo*, daí a alusão aos cabelos, inclusive a famosa peça teatral norte-americana *Hair*, encenada em vários países. Os versos 21 a 24 repetem-se de forma magistral, além da rima que encanta, do ritmo que explica as transformações atemporais que, pela meditação, a pessoa compreende.

Nos versos 26 a 29, Gil repete como um mantra alternando os termos nova era/era nova, mas a mensagem final (v. 30) é que isso de qualquer coisa nova está sempre, e sempre esteve, nascendo e renascendo; assim como o Budismo explica a roda da vida.

Leiamos o que nos diz Carlos Rennó em seu recente livro *Gilberto Gil: todas as letras*, a respeito dessa música:

"Em 'era nova' Gilberto Gil sublinha uma crítica à idéia de sempre se querer decretar a disfunção de certos tempos e prescrever a vigência de outros; de se buscar instalar um novo ciclo histórico, um 'novo início', seja do ponto de vista religioso ou do político, idéias presentes tanto no sonho da Era de Aquário (tematizada mais claramente pela canção) como no sonho revolucionário da esquerda — em todos os messianismos, enfim.

Querer uma 'nova era' ou o 'fim da história' (referência à sua música assim intitulada, e que data de 1991) — o começo ou o fim —: duas pontas de um mesmo absurdo", diz o compositor.

Ainda segundo Gil, "Era nova", no que é para ele o momento-chave da canção, trata da imperceptibilidade da passagem do tempo, mais exatamente "da ambigüidade eternamente presente em nós de termos em relação ao tempo uma percepção e uma não-percepção: a de que ele passa quando pensamos e a de que ele não passa quando não pensamos — isto é: 'sem que você possa perceber'".[57]

Nós estamos nascendo e morrendo a cada instante, assim, o novo é esse segundo importante, único e eterno. Compreender isso e vivenciar tal postura de vida é estar imerso no Zen, é ver que a sabedoria da vida consiste nos mínimos detalhes das mínimas coisas. Quando nós temos uma posição una, unificada com o todo, não temos esse pensamento dual que é o novo e o velho, estamos além dessa

---

57. RENNÓ, Carlos. *Gilberto Gil: todas as letras*. São Paulo: Cia. das Letras, 1996, p. 190.

discussão, dessa dicotomia. Tanto o novo como o velho são conceitos e provocam, em geral, preconceitos, devido aos nossos condicionamentos. Essa é a mensagem que a poesia de Gil nos comunica.

4.9 — Deus é tudo em todos

Vejamos agora outra canção de Gilberto Gil que ilustra bem o propósito de nosso trabalho acerca dessa fase da vida do compositor. A canção a seguir é uma experiência de meditação, é uma vivência em que o poeta fala de sua unidade com o todo, com os mínimos detalhes da vida. Falar com Deus é falar com o interior, é ouvir a intuição. Não apenas ouvir, mas praticar; não apenas falar, mas colocar em evidência a face Deus que existe em todos nós, o lado supremo, divino. E isso é Zen, ver Deus em todas as coisas:

Se Eu Quiser Falar com Deus

Gilberto Gil

1   Se eu quiser falar com Deus
    Tenho que ficar a sós,
    Tenho que apagar a luz,
    Tenho que calar a voz,
5   Tenho que encontrar a paz,
    Tenho que folgar os nós
    Dos sapatos,
    Da gravata,
    Dos desejos,
10 Dos receios,
    Tenho que esquecer a data,
    Tenho que perder a conta,
    Tenho que ter mãos vazias,
    Ter a alma e o corpo nus.
15 Se eu quiser falar com Deus
    Tenho que aceitar a dor,
    Tenho que comer o pão
    Que o diabo amassou,
    Tenho que virar um cão,
20 Tenho que lamber o chão
    Dos palácios,
    Dos castelos suntuosos

>   Do meu sonho,
>   Tenho que me ver tristonho,
> 25 Tenho que me achar medonho,
>   E, apesar do mal tamanho,
>   Alegrar meu coração.
>   Se eu quiser falar com Deus
>   Tenho que me aventurar,
> 30 Tenho que subir os céus
>   Sem cordas pra segurar,
>   Tenho que dizer adeus,
>   Dar as costas, caminhar
>   Decidido pela estrada
> 35 Que ao findar
>   Vai dar em nada,
>   Nada, nada, nada, nada,
>   Nada, nada, nada, nada,
>   Nada, nada, nada, nada
> 40 Do que eu pensava encontrar.[58]

© *Copyright by* **Gege Edições Musicais Ltda.** *(Brasil e América do Sul)* **Preta Music (Resto do Mundo)** — *Av. Almirante Barroso, 97 — Sala 1205 Parte — Rio de Janeiro — Brasil. Todos os direitos reservados.*

Vejamos o que nos diz Fred Góes no já citado *Literatura comentada* a respeito dessa poesia:

> "Neste texto, mais uma vez, o questionamento sobre a existência toma a atenção do compositor, que percorre no texto (e na vida) um caminho cujo princípio e o fim estão nele mesmo.
>
> Pelo confronto dos elementos concretos — nós dos sapatos, nós da gravata, corpo nu — com elementos abstratos — desejos, receios, alma —, o autor reproduz a tensão das oposições que acompanham o homem na sua existência".[59]

O verso 1, que também é título, "Se eu quiser falar com Deus", representa o momento de comunhão da pessoa consigo mesma, e

---

58. GÓES, Fred. Op. cit., p. 55.
59. *Ibidem*, p. 55.

estar consigo mesmo, estar em si, é estar com Deus. O verso 2 começa lembrando a meditação zen, o praticante a sós. O fato de apagar a luz (v. 3) é uma referência ao fato de que, no início do treinamento, a meditação noturna é feita na penumbra; o apagar a luz a que se refere o poeta é apagar os fatos exteriores sem deixar manchas, seqüelas e assim ficar só o interior.

O calar a voz do verso 4 é silenciar os pensamentos, não apenas a voz "verbal", audível, propriamente dita, mas a "mental", a voz dos pensamentos, sentimentos e emoções que não param.

O verso 5 explica bem a proposta da meditação, encontrar a paz, o equilíbrio, o discernimento, a equanimidade. O "folgar os nós" (v. 6) é no sentido do desapertar-se, libertar-se, liberar-se dos entraves condicionantes, mas que Gil aqui exemplifica mediante o laço (nó) do cadarço dos sapatos, da gravata, que são aspectos de fora, superficiais, mas logo a seguir o poeta vê claramente a importância de ultrapassar/compreender os desejos e receios (v. 9 e 10).

"Esquecer a data" (v. 11 e 12) não é esquecer os compromissos, nem "perder a conta" é deixar de fazer o que se deve. Como já vimos, a proposta da meditação, do Zen, não é evadir-se da realidade. O que essas reflexões sugerem é que ao fazermos as coisas não nos envolvamos emocional e ansiosamente com elas e, assim, estaremos no estado que o Zen chama de renúncia, tanto assim que logo depois ele tece o verso "tenho que ter mãos vazias" (v. 13).

O conceito, ou melhor, a vivência, a prática, a compreensão das mãos vazias é um importante fundamento do Zen. Ter mãos vazias é um pegar não pegando. Com a mão apanhamos coisas, objetos, mas o pegar também implica segurar, agarrar coisas mentais e físicas, e o que o Budismo-Zen recomenda o tempo inteiro é ser não-sendo, não-sendo ser, e essa idéia reflete-se logo no verso 14: "ter a alma e o corpo nus". Nu quer dizer isento de problemas, ausência de dificuldades, vazio de doença, não só a doença do corpo, da matéria, mas, principalmente e sobretudo, a da alma, a doença interna.

Continuando essa aula de Budismo que o poeta Gilberto Gil nos oferece, temos o mantra repetido, o título (v. 15) que ressurge no verso 16, ao falar da aceitação da dor. Basilar princípio budista. Já vimos que aceitar não significa resignação, passividade, silêncio catatônico ou neurótico; aceitar a dor é compreender a roda da vida de que fala o Zen, é entender iluminadamente que estamos imersos, inseridos no moinho da existência. É esse moinho que faz a massa do pão, o pão da vida que o diabo (problema) amassou. "Virar um cão" (v. 19) é no sentido figurado; o cão é amigo, temos que ser amigos de nós mesmos e, muitas vezes, um dos nossos reveses é que não nos aceitamos, daí que o poeta fala no verso 16 em aceitar a dor. O cão também é amigo do homem, precisamos ser amigos dos nossos amigos; o cão tem raiva e é feroz e, assim, budisticamente, devemos ser não a raiva feroz, a violência, mas ter uma postura de autodefesa perante a vida, para mantermos a sobrevivência.

É interessante notar que a palavra japonesa *karatê* significa "mãos vazias". Aliás, convém ressaltar que todas as artes marciais oriundas do Oriente têm como base o Zen, pois, na Antigüidade, com a proliferação do Budismo, os monges passaram a ser perseguidos e até atacados. Como eles têm o voto de não-violência desenvolveram a observação dos hábitos dos animais selvagens, vendo como se defendiam e, assim, criaram golpes espelhados nos gestos destes.

Essa observação budista da natureza informa e afirma que os animais só atacam em legítima defesa ou para conseguir alimento, ou seja, para a preservação da espécie. O animal não é mau; apesar da última sílaba, o animal não tortura, o homem sim. Esse princípio zen das artes marciais criou também a teoria do espelho, do reflexo, isto é, quanto maior for a violência do adversário, ao desarmar o golpe, o soco maior será o revide executado pela própria força do agressor, em si mesmo e não na possível vítima. Esse conceito está implícito no aforismo zen, segundo o qual o adversário somos nós mesmos, inspirado nas próprias palavras do Buda: "É mais fácil vencer um exército de mil pessoas do que vencer a nós mesmos". Normalmente se pratica karatê em tatami, espécie de cama originalmente feita com palha de arroz, mas, nesta simbologia, o *tatami*, onde se cai e onde se briga, é o mundo, o quimono que o lutador veste é o mental, ou seja, é a mente que nos agasalha, que nos protege.

"Virar um cão" sugere ainda não nos preocuparmos com o que os outros falam a nosso respeito; por exemplo, nos sentimos ofendidos se alguém nos chama de cachorro, mas o Budismo recomenda a máxima: "Ouça todos os sons como se fossem mantras"; assim, a um xingamento ouvimos como bênção, esse é o princípio de compaixão total por todos os seres. Por fim, no Nordeste e em outras regiões do interior do Brasil, a palavra cão é sinônimo de diabo e assim o poeta fecha o circuito dessa proposta de desprendimento, de humildade, de simplicidade, que se manifesta no "lamber o chão" (v. 20). Repetimos, não é ser serviçal. É uma vivência de natureza espiritual que muitos até não conseguem entender, por exemplo, conta o próprio Gilberto Gil, citado neste trecho do livro de Carlos Rennó a respeito dessa composição:

"O Roberto me pediu uma canção; do que eu vou falar/ Ele é tão religioso — e se eu quiser falar com Deus? E se eu quiser falar de falar com Deus? Com esses pensamentos e inquirições feitas durante uma sesta, dei início a uma exaustiva enumeração: "Se eu quiser falar com Deus, tenho que isso, que aquilo, que aquilo outro". E saí. À noite voltei e organizei as frases em três estrofes.

O que chegou a mim como tendo sido a reação dele, Roberto Carlos, foi que ele disse que aquela não era a idéia de Deus que ele tem. O Deus desconhecido. Ali, a configuração não é a de um Deus nítido, com um perfil claro, definido. A canção (mais filosofal, nesse sentido, do que religiosa) não é necessariamente sobre um Deus, mas sobre a realidade última; o vazio de Deus: o vazio-Deus".[60]

Carlos Rennó, organizador do volume *Gilberto Gil: todas as letras,* que aborda a vida e a obra desse profícuo compositor, esclarece:

"Num dos encontros com Gil para as entrevistas que resultariam nas edições de seus comentários aqui apresentados, o coordenador deste livro lhe entregou, a pedido do editor, Luiz Schwarcz, um exemplar do livro *Uma história de Deus*, da *scholar* norte-americana Karen Armstrong, uma ex-freira. Na mesma noite, Gil começou a lê-lo, e na tarde seguinte leu para este interlocutor uma longa passagem que ele relacionou com o tema de 'Se eu quiser falar com Deus', que, por coincidência, tinha sido objeto de conversas no dia anterior.

Parte do trecho dizia: 'Sem dúvida, [Deus] parece estar desaparecendo da vida de um número crescente de pessoas,

---

60. RENNÓ, Carlos. Op. cit., p. 240.

sobretudo na Europa ocidental. Elas falam de um buraco em forma de Deus em suas consciências, onde antes Ele estava: onde antes havia Deus, hoje há um buraco em forma de Deus'. Segundo o compositor, essas observações da autora imediatamente o fizeram pensar na canção. 'Alguma coisa desse Deus-buraco parece estar contida na letra de *Se eu quiser falar com Deus*, disse, querendo se referir especialmente ao seu trecho final'.

A criação do efeito veio por impulso, instintivamente: a seqüência de 'nadas' (13, no total) insinuando sucessivas camadas de buraco, criando a expectativa de algo e culminando com uma luz no fim (do túnel, da estrada, da vida), quer dizer, deixando entrever, embutida na morte, a possibilidade de realização de uma existência num plano diferente de tudo que se possa imaginar; mas que de qualquer maneira se imagina existir; a possibilidade de transmutação — com o desaparecimento do corpo físico, da entidade psíquica que chamamos de alma, inconsciente, eu — para outra coisa, outra forma de consciência de todo modo imprevisível, se não for mesmo nada".[61]

Essa música, na época, incomodou um pouco; a chamada oposição ao regime militar, as patrulhas ideológicas, não gostava desse estilo místico, religioso de Gil. Lamber o chão é um bom exemplo de humildade, de simplicidade, e o que a oposição queria era um enfrentamento mais direto e não tão poético. Seguindo o ritmo da canção, o ouvinte pode pensar que Gil está sugerindo à pessoa se rebaixar, quando não está. O que ele está propondo é ir além dos palácios, quer dizer, ir além da pompa, dos castelos suntuosos e verificar budisticamente que tudo não passa de um sonho; desse modo, lamber o chão é limpar as fantasias.

O verso 24 explica que nem sempre gostamos de nos ver tristonhos. Quase sempre só queremos nos ver alegres, felizes, pois enfrentar o sofrimento é muito difícil, ou, como diz o verso 16, "aceitar a dor" implica "me ver tristonho", ou seja, compreender o instante, como diz o Budismo. Se o aqui e o agora é alegria, ótimo,

---

61. *Ibidem*, Op. cit., p. 240.

então vivencie-se a alegria; se o aqui e o agora é tristeza, também ótimo, vivencie-se a mesma. Isso não é uma atitude mórbida, depressiva, é encarar de frente a vida como ela é, como se nos apresenta, para então a transformarmos em algo melhor.

"Achar maldito" (v. 25) nos leva, por analogia, a ter a mesma reflexão que o verso anterior. Nem gostamos de sentir medo, de ser o agente desse medo, mas a aceitação do nosso estado de ânimo, do nosso estado de espírito, leva-nos ao estado de compreensão, de iluminação, ao *satori*, ao *insight*, ao Zen, à sabedoria do momento, do instante, mutante, passageiro, transitório. E assim vemos a face da nossa natureza que é medonha, que tem ou provoca medo. Ao constatar esse ângulo de nossa personalidade, não devemos nos atribular, pois ele logo passa, como tantos outros. Esse é o Caminho budista.

O verso 26 prossegue essa aparente contradição: "E apesar do mal tamanho". É que, de uma forma ou de outra, sempre gostamos de impressionar, nos mínimos detalhes, mas, apesar de qualquer anomalia, real ou fictícia, o Zen recomenda a sabedoria do presente, daquilo que estamos vivendo. É por esse motivo que outro adágio budista, e que já citamos no início deste trabalho, é que "nada, absolutamente nada, está fora do caminho"; a meditação, a compreensão, é uma via não-dual. Essa não-dualidade nos leva ao discernimento e assim entendemos que nenhum mal é tamanho, o tamanho do mal é a incompreensão, a insatisfação em nossa mente, e isso nos faz ver que o Zen situa-se além do bem e do mal.

Quando se ultrapassa a terra dos dualismos nos encontramos no reino da alegria (v. 27), do despertar do coração. O verso 28 é novamente, nova-mente, o mantra-título informando ao leitor, ao ouvinte, que é necessário aventurar-se, lançar-se fora do apego. É preciso coragem, é necessário deixar um pouco a terra dos condicionamentos e aventurar-se em outras galáxias interiores. Esse aventurar-se é um exercício de autodescoberta. Pode até causar alguma ansiedade, algum nervosismo, mas quem se lança na aventura interior está descobrindo a sua raiz, a sua essência.

O verso 30 é um complemento dessa idéia, "subir aos céus" e "sem cordas pra segurar" (v. 31) é que, em geral, temos medo, receio de nos soltarmos de nossos apegos. Muitos se lançam, muitos se aventuram, poucos, porém, se lançam, realmente, sem pré-requisitos, sem pré-conceitos, sem "cordas" interiores e exteriores que nos amarrem e nos prendam aos problemas.

O "dizer adeus" (v. 32) é conseguir, afinal, a libertação, é ter a certeza e consciência de não se abater quando as coisas passam, terminam, finalizam, tomam outro rumo. Entenda-se a palavra "coisas" no sentido budista, englobando todos os aspectos interiores e exteriores. O "dar as costas" (v. 33) é a continuação do processo de desapego, de desprendimento, de libertação iniciado no verso anterior, e o caminho do final da linha já se liga na decisão de seguir pela estrada da vida (v. 34). Magistralmente, de forma zen, vai terminando a canção e compreendendo "que ao findar" não adiantou tanto apego, tanta aversão que também é uma forma de apego: "vai dar em nada". Dos versos 36 ao 39 há a repetição mantra do nada, do vazio, e o fecho vem com o *koan*, o enigma "nada do que eu pensava encontrar".

É uma indicação do poeta para que a pessoa observe, contemple, sinta, experimente. Se um curioso vai para a meditação procurando algo fenomenal vai decepcionar-se, não vai encontrar, não vai encontrar-se. Se a pessoa quer falar com Deus como se fosse um mundo de magia, não vai conseguir, pois o que conta é a simplicidade do dia-a-dia. Isso sim é Zen, e Gilberto Gil captou bem a essência do Budismo.

5 — Conclusão

Em se tratando de Zen não há conclusão, pois todo fim é seguido de um novo começo. Para o Budismo não há nada terminado, pronto, acabado. Tudo está em processo, está-se fazendo, está sendo feito; a vida é uma constante, o viver implica um eterno vir a ser, nascemos, crescemos e morremos, e conosco tudo o que mais existe e tudo o que fizermos, mas essa morte não é o fim, não é o término, é um novo nascer, outro acontecer, um modo contínuo de olhar os fatos e o que mais está relacionado a esses fatos.

É isso o que os versos de Gil nos mostram. Suas inquietações o levaram a refletir a respeito do mundo. Todavia, a forma que ele encontrou para falar dessa vivência é muito próxima da mensagem Zen. Entendemos, então, budisticamente, que tudo e todos somos incompletos, metades constitutivas à procura do "um".

Vimos que Zen é meditação, e as letras citadas exemplificam, e-zen-plificam, a presença do Budismo nos versos do compositor. Meditação é observação, é um ato soberano da mente atenta, da consciência alerta. Nas letras apresentadas, Gilberto Gil descreve uma situação de dor, de sofrimento, de angústia, depois o caminho para a sua superação, que nem sempre é física, mas quase sempre metafísica, psicológica, culmina com a compreensão, não apenas do momento, mas também ajuda na iluminação da vida. Assim podemos viver mais felizes, pois o outro lado da dor é o prazer, o par opositivo do sofrimento é a alegria. E alegria é um dos fatores da sabedoria, conforme palavras do próprio Buda.

Tal como o rio da vida, que está constantemente fluindo, o poeta flui criativamente do seu fluxo da consciência, e daí para o papel e a seguir para a melodia. Ao longo do nosso trabalho, identificamos as letras dessas melodias como poesias e as lemos como uma experiência zen, como uma prática de meditação, como um budista que estuda o mundo e pratica o Caminho em todas as situações da vida, já que não há separação. Eis aí a superação de que falamos anteriormente. Superar a dualidade é compreender que não estamos separados de nada ou coisa alguma, não só uma compreensão teórica, mas, fundamentalmente, uma compreensão corporal, física, interior e exterior.

Dentre as muitas fases do cantor Gilberto Gil, escolhemos aquela que Fred Góes, acertadamente, chama de "retiros espirituais".[62] As nove letras selecionadas representam a visão búdica, o olhar zen do texto literário que nos remeteu a uma série de reflexões acerca do que é a prática da meditação, entendendo-a não como fato isolado, mas como um modo de viver, de ser e encarar a vida. Tal como tudo o que existe, a meditação é um processo, um estado de ser.

O estudo do poético em Gil nos fez indagar a respeito dos meandros da condição humana. Sua observação do real, nas letras analisadas, evidencia que esse real é muitas vezes quase sempre irreal. Portanto, o compositor chega ao cerne do questionamento budista a respeito do que é viver, e como viver melhor neste conturbado mundo, como ser feliz, que, afinal, é o que todos buscamos, em suma. Ainda que nem sempre tenhamos consciência dessa busca.

Os versos de Gil se tornaram, para este trabalho, pistas, trilhas por onde caminhamos, literariamente, em plena atenção, em meditação.

Partindo do pressuposto, da vivência, de que só existe o "um" e tudo o mais é manifestação, emanação, e-zen-plos desse um, juntamos literatura e religião, letra e teologia, tentando mostrar que não são discursos antagônicos, conflitantes, excludentes.

Divido essa dissertação em duas partes, tal como nós somos, interior e exterior. Na primeira apresento o Budismo, na segunda falo da poética de Gilberto Gil, mas, ao longo do texto, as duas se entremeiam, intertextualizam-se, da mesma forma que é difícil separar o interior do exterior e vice-versa.

Com isso pretendo colocar frente à universidade brasileira, para o segmento acadêmico nacional, a importância do pensamento zen

---

62. GÓES, Fred. Op. cit., p. 47.

para a compreensão do texto literário. É uma tentativa de contribuição, de colaboração para estudar, também, o fenômeno literário, permitindo ver em um e em outro, no Zen e na poesia, uma forma de religiosidade que todos nós temos, uma forma religiosa de ver e, viver a vida. Religião não é mais e, a bem da verdade, nunca foi alienação.

Como a História do Brasil sempre foi entremeada de períodos ditatoriais e poucas fases democráticas, ao longo desses períodos de exceção, a elite universitária, acadêmica, intelectual, inspirada no marxismo e suas variantes, adotou o juízo de que religião era o ópio do povo. Com isso, tais setores deixavam de ver a presença marcante do sentimento religioso da sociedade brasileira. Não estamos falando dos misticismos, mitificações, seitas e similares. Contudo, há um quê de sobrenaturalidade, de religiosidade no ser humano, entendendo-se por religião o ato ou a tentativa de o homem se religar a Deus ou a outro nome, outro sinônimo para essa sensação/emoção oculta/presente real/fictícia do que falta e nos preenche. Foi esse aspecto religioso e, no caso, budista, zen, que integrei à poética de Gil.

Gostaria, com este trabalho, de chamar a atenção para o pensamento do japonês Daisetz Teitaro Suzuki, introdutor do Zen no Ocidente, e que influiu, direta ou indiretamente, na poética de Gil. A conclusão e/ou o debate e o questionamento ficam por conta dos que assim o desejarem, na classe universitária (professores e alunos) de vários países do Primeiro Mundo. Ele influenciou também a chamada geração *beatnik*, a seguir o movimento *hippie*, e, por extensão, uma série de transformações que ocorreram no mundo.

Vimos que Heidegger considera a tradução da obra máxima de D. T. Suzuki, como normalmente é conhecido, ou simplesmente Suzuki, *Ensaios sobre budismo zen,* tão importante para o Ocidente quanto a tradução de Aristóteles e Platão.

Gostaria de incluir, sugerir, que a universidade brasileira passasse a ver com outros e bons olhos a temática religiosa e, nesse fluxo, inserisse D. T. Suzuki no âmbito de nossa Faculdade de Letras, esta que foi a pioneira em tantos aspectos, que abrigou e abriga bons professores que ajudaram a fazer e fazem as Letras no Brasil. Eis aqui a nossa contribuição.

O curso de Letras, nesta faculdade, sempre se pautou pelo rigor científico e pela criatividade. Que aqui se abram então mais portas, que os muros caiam e possamos estudar, pesquisar religião e literatura, Zen e literariedade. O professor Carneiro Leão, algumas vezes, e de forma original, abordou em seu texto referências ao Zen e ao Budismo. A edição de 1988 do *Manual de normas para editoração de trabalhos acadêmicos*, dos Professores Doutores desta Faculdade Mário Camarinha da Silva e Sonia Brayner, publicada pela UFRJ, encerra o texto com uma citação de Lao-Tsé, contemporâneo de Buda, e outra de Octavio Paz, que tem também estudos a respeito do Budismo e de suas implicações/influências na literatura ocidental.

De longa data, ainda que muito pouco conhecido, o Budismo vem influenciando autores nacionais. O caso mais notório é o de Augusto dos Anjos; sua poética inspirada no Budismo ortodoxo viu a mensagem do Buda segundo o aspecto que Schopenhauer adotou em suas obras, priorizando o sofrimento, a dor, como vimos neste trabalho não foi além, ao outro lado. Não viu a alegria, a felicidade, o prazer. Olavo Bilac, em *A missão de Purna*, discorre poeticamente acerca do "Evangelho de Buda". Mais recentemente, verifica-se essa presença búdica influenciando algumas letras, alguns compositores da MPB, ainda que de forma tênue; entre estes, Paulo Leminski e Gilberto Gil, sendo este o mais visível.

Mas, para ter um ângulo zen na obra poética de um dado autor, não é necessário que este seja budista, que tenha feito meditação, ou que tenha sido influenciado pelo Zen. A proposta de uma leitura budista é identificar em qualquer texto literário, prosa ou verso, essa visão, esse olhar zen do mundo. Por exemplo, por e-zen-plo, brevemente podemos citar o clássico *O guarani*, de José de Alencar. Há muito material aí com que se analisar budisticamente os personagens, a construção do texto, o desenrolar da trama. Já não se trata mais da influência zen, que o autor não sofreu, mas sim de fazer uma "leitura" budista do romance, uma visão religiosa, crítica dos costumes da época, a psicologia dos personagens. São esses aspectos que queremos prosseguir em nossos estudos, em cursos, pesquisas e trabalhos posteriores.

Citamos a última estrofe da referida poesia de Olavo Bilac, em que o poeta parnasiano fala a respeito do monge Purna, discípulo de Sidarta Gautama:

> "Filho amado! — diz Buda — a palavra divina,
> Da água do mar de Omã à água do mar da China,
> Longe do Indus natal e dos vales do Ganges,

Conclusão

Vai levar, através de dardos e de alfanjes!
Purna! ao fim da Renúncia e ao fim da Caridade
Chegaste, estrangulando a tua humanidade!
Tu, sim! podes partir, apóstolo perfeito,
Que o Nirvana já tens dentro do próprio peito,
E és digno de ir pregar a toda raça humana
A bem-aventurança eterna do Nirvana!".[63]

Por fim, concluo com as apropriadas palavras de Luiza Lobo em *O haikai e a crise da metafísica*:

"Este trabalho surgiu da necessidade de explicar o crescente encontro Oriente-Ocidente (...). Com uma perspectiva comparatista, procurou localizar os pontos de contato na abordagem filosófica, psicanalítica, existencialista e literária (...) seja na da meditação budista, seja na prática zen-budista de exercícios do eu como parte do todo".[64]

---

63. BILAC, Olavo. *Poesias*. Rio de Janeiro: Ediouro, 1978, p. 152.
64. LOBO, Luiza. *O haikai e a crise da metafísica*. Rio de Janeiro: Numen, 1993, p. 7 e 62.

6 — Bibliografia

ADORNO, Theodor W. e HORKHEIMER, Max. *Dialética do esclarecimento: fragmentos filosóficos*. Rio de Janeiro: Zahar, 1985.

ARVON, Henry. *O Budismo*. Mira-Sintra: Europa-América, 1951.

BACHELARD, Gaston. *A dialética da duração*. São Paulo: Ática, 1988.

_____. *A poética do espaço*. Rio de Janeiro: Eldorado, sd.

BAREAU, André. *Buda*. Lisboa: Presença, 1975.

BARUA, Benimadhab. *História de la filosofía índia pré-budista*. Barcelona: Vision, 1981.

BLOFELD, John. *O portal da sabedoria*. São Paulo: Pensamento, 1984.

BOSI, Alfredo. *Dialética da colonização*. São Paulo: Companhia das Letras, 1993.

BRODOV, V. *Indian philosophy in modern times*. Moscou: Progress, 1984.

BRUM, Alberto. *A libertação do sofrimento*. Brasília: Teosófica, 1992.

CAPRA, Fritjof. *O ponto de mutação*. São Paulo: Cultrix, 1987.

_____. *O tao da física*. São Paulo: Cultrix, 1988.
CERVO, A. L. e BERVIAN, P. A. *Metodologia científica*. São Paulo: McGraw-Hill, 1983.
CHEDIAK, Almir. *Songbook: Gilberto Gil*. Rio de Janeiro: Luimar, 1992. 2v.
CH'EN, Kenneth. *Buddhism in China*. Princeton, University Press, 1973.
CONZE, Edward. *Breve historia del budismo*. Madrid: Alianza, 1983.
_____. *Budismo, sua essência e desenvolvimento*. Rio de Janeiro: Civilização Brasileira, 1973.
DOGEN, Eihei. *Escritos*. São Paulo: Siciliano, 1993.
DOURADO, Autran. *Uma poética de romance*. São Paulo: Perspectiva, 1973.
DUMONT, Louis. *Homo hierarchicus*. São Paulo: Edusp, 1992.
EAGLETON, Terry. *A função da crítica*. São Paulo: Martins Fontes, 1991.
_____. *Marxismo e crítica literária*. Porto: Afrontamento, 1978.
_____. *Teoria da literatura*. São Paulo: Martins Fontes, 1983.
_____. *A ideologia da estética*. Rio de Janeiro: Jorge Zahar, 1993.
EPSTEIN, Mark. *Pensamentos sem pensador*. Rio de Janeiro: Gryphus, 1996.
ESTEBAN, Claude. *Crítica da razão poética*. São Paulo: Martins Fontes, 1991.
FERREIRA, Aurélio Buarque de Holanda. *Novo dicionário Aurélio*. Rio de Janeiro: Nova Fronteira, s/d.
FREUD, Sigmund. *Gradiva de Jensen e escritores criativos e devaneios*. Rio de Janeiro: Imago, 1976.

GODDARD, Dwight. *A Buddhist bible*. Boston: Beacon, 1994.

GÓES, Fred de. *Literatura comentada: Gilberto Gil*. São Paulo: Abril, 1982.

_____. *Gil engendra Gil e rouxinol*. Tese de doutoramento. Faculdade de Letras, UFRJ, 1993.

GOLEMAN, Daniel. *A mente meditativa*. São Paulo: Ática, 1996.

_____. *Inteligência emocional*. Rio de Janeiro: Objetiva, 1995.

GUIATSO, Tensin & HOPKINS, Jeffrey. *El tantra de Kalachakra*. Darma: Alicante, 1991.

GUINSBURG, J. et al. *O Romantismo*. São Paulo: Perspectiva, 1978.

HAUSER, Arnold. *História social da literatura e da arte*. São Paulo: Mestre Jou, 1972.

_____. *Teorias del arte*. Madrid: Guadarrama, 1975.

HEIDEGGER, Martin. Sobre a essência da verdade. In: — *Conferências e escritos filosóficos*. São Paulo: Abril Cultural, 1979.

_____. *Sobre o humanismo*. Rio de Janeiro: Tempo Brasileiro, 1967.

_____. *Introdução à metafísica*. Rio de Janeiro: Tempo Brasileiro, 1978.

IKEDA, Daisaku. *Budismo, o primeiro milênio*. Rio de Janeiro: Record, 1977.

_____. *O Buda vivo*. Rio de Janeiro: Record, 1976.

_____. *Os clássicos da literatura japonesa*. Rio de Janeiro: Record, 1979.

_____. *O budismo na China*. Rio de Janeiro: Record, 1973.

_____. *A revolução humana*. Rio de Janeiro: Record, 1974. 5v.

JANOV, Arthur. *O grito primal*. Rio de Janeiro: Artenova, 1974.
JANSEN, Eva Rudy. *The book of Buddhas*. Diever: Binkey Kok, 1990.
JUNG, Carl Gustav. *O homem e seus símbolos*. Rio de Janeiro: Nova Fronteira, 1992.
KASTBERGER, Francisco. *Lexico de filosofia hindu*. Buenos Aires: Kier, 1978.
KAYSER, Wolfgang. *Análise e interpretação da obra literária*. São Paulo: Martins Fontes, 1976.
LEITE, Dante Moreira. *Psicologia e literatura*. São Paulo: Nacional, 1977.
LOBO, Luiza. *Teorias poéticas do romantismo*. Porto Alegre: Mercado Aberto, 1987.
_____. *O haikai e a crise da metafísica*. Rio de Janeiro: Numen, 1993.
_____. *Crítica sem juízo*. Rio de Janeiro: Francisco Alves, 1993.
_____. "Haiku in Brazil". In: *Inter-Asian Comparative Literature*. ICLA '91, Proceddings of the XIIIth Congress of ICLA, Tokyo, 1995. p. 98-107.
_____. *Épica e modernidade em Sousândrade*. Rio de Janeiro: Presença, 1986.
MARTINS, Eduardo. *Manual de redação e estilo*. São Paulo: Maltese, 1992.
MOORE, Charles A. *Filosofia: oriente e ocidente*. São Paulo: Cultrix/ Edusp, 1978.
NIETZSCHE, Friedrich. *Obras incompletas*. São Paulo: Abril Cultural, 1980.
ORLANDI, Eni Puccinelli. *As formas do silêncio*. Campinas: Unicamp, 1992.
OSBORNE, Harold. *Estética e teoria da arte*. São Paulo: Cultlrix, s/d.

PAZ, Octávio. *Sendas de Oku*. São Paulo: Roswita Kenpf, 1983.
PEYRE, Henri. *Introdução ao romantismo*. Mira-Sintra: Europa-América,1975.
PORTELA, Eduardo *et al*. *Teoria literária*. Rio de Janeiro: Tempo Brasileiro, 1976.
PORTELA, Eduardo. *Fundamentos da investigação literária*. Rio de Janeiro: Tempo Brasileiro, 1974.
_____. *Dimensões I*. Rio de Janeiro: Tempo Brasileiro, 1978.
_____. *Teoria da comunicação literária*. Rio de Janeiro: Tempo Brasileiro, 1976.
PRÉ-SOCRÁTICOS. *Fragmentos, doxografia e comentários*. São Paulo: Abril Cultural, 1978.
PROENÇA FILHO, Domício. *Estilos de época na literatura*. São Paulo: Ática, 1978.
QUILLET, Pierre. *Introdução ao pensamento de Bachelard*. Rio de Janeiro: Zahar, 1977.
RENNÓ, Carlos. *Gilberto Gil: todas as letras*. São Paulo: Companhia das Letras, 1996.
REZENDE, Antonio. *Curso de filosofia*. Rio de Janeiro: Jorge Zahar, 1991.
RIFATERRE, Michel. *A produção do texto*. São Paulo: Martins Fontes, 1989.
ROCHA, Antonio Carlos. *O que é budismo*. São Paulo: Brasiliense, 1984.
_____. *A essência do nirvana*. Rio de Janeiro: Ediouro, 1987.
_____. *A sabedoria de Sidarta — o Buda*. Rio de Janeiro: Ediouro, 1985.
_____. *As pedras do zen*. Rio de Janeiro: Ediouro, 1986.
_____. *Desperte com alegria*. Rio de Janeiro: Espaço e Tempo, 1987.

_____. *O caminho da autoperfeição*. Rio de Janeiro: Freitas Bastos, 1991.

_____. *O poder do dragão*. Rio de Janeiro: Espaço e Tempo, 1993.

_____. *Thien — a sabedoria do Vietnã*. Rio de Janeiro: Ediouro, 1988.

_____. *Vibrações de harmonia e prosperidade*. Rio de Janeiro: Pallas, 1991.

_____. *A sabedoria do lamaísmo*. Rio de Janeiro: Ediouro, 1986.

SAMUEL, Rogel et al. *Literatura básica*. Petrópolis: Vozes, 1985. 3v.

_____. *Manual de teoria literária*. Petrópolis: Vozes, 1984.

_____. *Como curtir o livro*. Rio de Janeiro: Marco Zero, 1986.

_____. *Crítica da escrita*. Rio de Janeiro: Olímpica, 1981.

SCHOPENHAUER. *O mundo como vontade e representação*. Rio de Janeiro: Ediouro, 1966.

SHIBLIES, Warren. *Wittgenstein, linguagem e filosofia*. São Paulo: Cultrix/Edusp, 1974.

SILVA, Vitor Manuel de Aguiar e. *Teoria da literatura*. São Paulo: Martins Fontes, 1976.

SNELLING, John. *The Buddhist handbook*. Rochester Inner, 1991.

SOGEN, Yamakami. *Systems of Buddhistics thought*. Delhi: Bharatiya, 1979.

SUZUKI, Beatrice Lane. *Budismo mahayana*. Buenos Aires: Fabril, 1961.

SUZUKI, Daisetz Teitaro. *Viver através do zen*. Rio de Janeiro: Zahar, 1977.

_____. *A doutrina zen da não-mente.* São Paulo: Pensamento, 1989.

_____. *Introdução ao zen-budismo.* Rio de Janeiro: Civilização Brasileira, 1971

_____. *Manual de budismo zen.* Buenos Aires: Kier, 1981.

_____. *Mística: cristã e budista.* Belo Horizonte: Itatiaia, 1976.

_____. *The training of the Zen Buddhist monk.* Nova York: University Books, 1959.

_____. *Ensayos sobre budismo zen.* Buenos Aires: Kier, 1973. 3v.

TSOMO, Karma Lekshe. *Daughters of the Buddha.* Nova York: Snow Lion, 1988.

WATTS, Alan W. *O budismo zen.* Lisboa: Presença, s/d.

_____. *Psicoterapia oriental & ocidental.* Rio de Janeiro: Record, 1972.

WELLEK, René. *Conceitos de crítica.* São Paulo: Cultrix, s/d.

WELLEK, René e WARREN, Austin. *Teoria da literatura.* Lisboa: Europa-América, 1971.

WIENPAHL, Paul. *La sustância del zen.* Buenos Aires: Dédalo, 1974.

WOOD, Ernest. *Diccionario zen.* Barcelona: Paidos, 1980.

YUTANG, Lin. *A sabedoria da China e da Índia.* Rio de Janeiro: Pongetti, s/d.

Leitura Recomendada

Caminho do Guerreiro, O
O Oráculo da Jornada da Vida
Lucas Estrella Schultz

Um livro primoroso, em que a natureza espiritual da filosofia do Guerreiro japonês nos ajuda a descobrir como fazer de suas convicções um modelo para nossas vidas. Esta obra traz a interpretação da figura do bushi — o Guerreiro japonês — e do mundo em que vive. E oferece-nos uma oportunidade de aprender com suas histórias, enquanto evoluímos em nossa própria jornada.

Livro dos Cinco Anéis, O
O Clássico Guia de Estratégia
Miyamoto Musashi

Escrito no século XVII, este livro continua sendo referência para os homens de negócios e de marketing do Japão. É considerado um dos melhores guias psicológicos de estratégia, excelente para profissionais que precisam impor sua marca por meio de campanhas e táticas de vendas no competitivo mercado de hoje.

O Livro Completo da Filosofia
Entenda os Conceitos Básicos dos Grandes Pensadores – de Sócrates a Sartre
James Mannion

Neste livro, você conhecerá os grandes sábios, desde os pré-socráticos da antiga Milésia até os pensadores do século XX. O Livro Completo da Filosofia é um verdadeiro curso de filosofia com idéias contemporâneas, voltado para o público jovem.

Dalai Lama
Sua Vida, seu Povo e sua Visão
Gill Farrer-Halls

Esta é uma obra diferenciada não só em virtude de sua apresentação gráfica toda colorida, mas sim por seu conteúdo, que traz um estudo detalhado da vida do 14º Dalai Lama tibetano, Tenzin Gyatso, bem como seu povo e sua visão. A vida do Dalai Lama aqui apresentada mostra-nos dois mundos muito diferentes: o quase medieval, o Antigo Tibete, de sua infância, isolado e infundido com religião; e o mundo moderno de sua vida atual.

MADRAS® Editora — CADASTRO/MALA DIRETA

Envie este cadastro preenchido e passará a receber informações dos nossos lançamentos, nas áreas que determinar.

Nome _____

RG _____ CPF _____

Endereço Residencial _____

Bairro _____ Cidade _____ Estado ___

CEP _____ Fone _____

E-mail _____

Sexo ❏ Fem. ❏ Masc.   Nascimento _____

Profissão _____ Escolaridade (Nível/Curso) _____

Você compra livros:
- ❏ livrarias ❏ feiras ❏ telefone ❏ Sedex livro (reembolso postal mais rápido)
- ❏ outros: _____

Quais os tipos de literatura que você lê:
- ❏ Jurídicos ❏ Pedagogia ❏ Business ❏ Romances/espíritas
- ❏ Esoterismo ❏ Psicologia ❏ Saúde ❏ Espíritas/doutrinas
- ❏ Bruxaria ❏ Auto-ajuda ❏ Maçonaria ❏ Outros:

Qual a sua opinião a respeito dessa obra? _____
_____

Indique amigos que gostariam de receber MALA DIRETA:

Nome _____

Endereço Residencial _____

Bairro _____ Cidade _____ CEP _____

Nome do livro adquirido: ***Zen-Budismo e Literatura***

Para receber catálogos, lista de preços e outras informações, escreva para:

MADRAS EDITORA LTDA.
Rua Paulo Gonçalves, 88 — Santana — 02403-020 — São Paulo/SP
Caixa Postal 12299 — CEP 02013-970 — SP
Tel.: (0_ _ 11) 6959-1127 — Fax.:(0_ _ 11) 6959-3090
www.madras.com.br

Este livro foi composto em Times New Roman, corpo 11/12.
Impressão e Acabamento
Prol Editora Gráfica – Av. Papaiz, 581 – Jd. das Nações – Diadema/SP
CEP 09931-610 – Tel.: (0_ _11) 4091-6199 – e-mail: prol@prolgrafica.com.br